Musik im Spiel

Edition Psychologie und Pädagogik

Elisabeth Hoffmann

Musik im Spiel

für Kindergarten und Vorschule

Matthias-Grünewald-Verlag · Mainz

Illustrationen von Elisabeth Hoffmann, Mainz

Die Deutsche Bibliothek – CIP-Einheitsaufnahme

Hoffmann, Elisabeth:
Musik im Spiel : für Kindergarten und Vorschule / Elisabeth Hoffmann. – Mainz : Matthias-Grünewald-Verl., 1998
(Edition Psychologie und Pädagogik)
ISBN 3-7867-2091-6

Umschlag: Harun Kloppe, Mainz, unter Verwendung eines Bildes von Felix Hoffmann
Druck und Bindung: Clausen & Bosse, Leck

ISBN 3-7867-2091-6

MIT MUSIK SPIELEN

„Vorspiel“, „Singspiel“, „Zwischenspiel“, „Zusammenspiel“, „Instrumentalspiel“, „Nachspiel“, „Spiellied“, ... bei all diesen zusammengesetzten Worten mischt sich Spielerisches in die Musik, wirken Musik und Spiel zusammen. Beide, Spiel und Musik, leben von bestimmten Regeln und Themen. Erst dadurch werden sie für den hörenden und musizierenden Menschen durchschaubar und nachvollziehbar. Jeder Mitspieler übernimmt eine bestimmte Rolle. Je stärker er sich mit der Rolle und dem Instrument identifiziert, um so intensiver ist das Spielgeschehen und um so mehr Spaß macht es. Musik „spielen“ heißt: denken, fühlen und handeln zugleich.

In meiner Arbeit begegnen mir immer wieder (erwachsene) Menschen, die davon überzeugt (worden) sind, daß sie unmusikalisch sind. Musikalität wird gemessen am „richtig oder falsch Singen“ oder „ich weiß nicht, wie man dieses Instrument spielt“. Für die Planung und Durchführung der in diesem Buch beschriebenen Spiele werden keine besonderen musikalischen Kenntnisse vorausgesetzt. Die Spiele sollen eher ein Anreiz sein, die kreativen Gestaltungsmöglichkeiten im Umgang mit Musik (wieder) zu entdecken und im Sinne eines erlebnisorientierten Ansatzes in die pädagogische Arbeit zu integrieren. Spielenderweise kommen die Kinder mit vielen Seiten der Musik in Berührung. Es beginnt mit dem Hören, aufeinander, auf Geräusche, Klänge, Töne, Musik; unser Körper und unsere Stimme bieten in einem zweiten Schritt viele Möglichkeiten, Musik zu machen; Musik ist Bewegung und will bewegen, deshalb sind Bewegungs- und Tanzspiele ein weiteres wichtiges Element. Dem sozialen Miteinander dienen Interaktionsspiele mit Musik. Ruhig werden, zu sich finden, sich konzentrieren ..., diesen Funktionen dienen Entspannungsspiele mit Musik.

Die fünf Kapitel des Buches im Überblick

Die vorgestellten Spiele im Kapitel *„Hör- und Konzentrationsspiele mit Klängen und Geräuschen"* sollen u.a. die Hör-Fähigkeit für leise, ungewohnte Geräusche, Klänge und „Zwischen-Töne" erweitern. Die Kinder werden neugierig auf Geräusch- und Klangzusammenhänge, sie lernen nicht nur hörend zu unterscheiden, sondern übersetzen Gehörtes auch in Sprache und teilen es einander mit. Sie finden Spaß am Experimentieren, untersuchen ganz alltägliche Gegenstände auf ihre Klangmöglichkeiten und basteln aus Joghurtbechern, Schachteln oder Papprollen eigene Instrumente. Ihre Phantasie läßt immer wieder neue kreative Klangspielzeuge entstehen. „Musikhören kann heißen: ich sitze und höre zu; es kann auch bedeuten: ich spiele oder singe, höre mich und die anderen. Erst durch die Aufmerksamkeit, oder durch das Hinabtauchen, das Versinken in die Musik wird das Hören zu einem intensiven Erlebnis." (Hermann Regner, S. 18).
Die Lust am (Zu-) Hören zu wecken, dies wird um so wichtiger, aber auch schwieriger, als in unserer Gesellschaft die Devise gilt „je lauter, desto besser" und „je mehr, um so wirkungsvoller"; doch gerade dadurch schränken wir unsere Hörfähigkeit ein. Wir werden „taub" oder „schwerhörig" für die leisen, kaum wahrnehmbaren „Töne".
Im Kapitel *„Spiele mit Stimme und Körper"* geht es insbesondere darum, die vielfältigsten Funktionen der

Stimme kennenzulernen. Untersuchungen belegen, daß Sprachstörungen im Vor- und Grundschulbereich aufgrund vieler Ursachen zunehmen. Spiele mit einem entsprechenden Schwerpunkt bieten eine gute Möglichkeit, die Sprach- und Stimmentwicklung zu fördern und Defizite auszugleichen. Mit der Stimme als eigenem und vielseitigem Instrument läßt sich wunderbar spielen. Sie bietet ein ganzes Spektrum an vokalen Klangmöglichkeiten, vom Nachahmen verschiedener Tierlaute über Sprechgesänge bis zum Wettbewerb der „Zungenbrecher".

Darüber hinaus gibt die Stimme auch Einblick in die Seele eines Menschen, spiegelt unmittelbar seine Gefühle wider. Die Stimme ist eine unmittelbare „klingende Verbindung der eigenen inneren und äußeren Welt" (Fritz Hegi, S. 80).

Auch mit dem Körper lassen sich die verschiedensten Geräusche, Töne und Rhythmen produzieren: mit den Händen klatschen, patschen, auf den Brustkorb trommeln, Fingerschnipsen, stampfen, mit den Füßen trommeln ... Diese „Instrumente" sind immer verfügbar und bieten sich zu spontanem Spiel an. Körpererfahrung und Stimmtraining fördern die kindliche Entwicklung: über die Selbsterfahrung zum Selbstbewußtsein bis hin zum Selbstwertgefühl.

Das Kapitel *„Spiele mit Musik und Bewegung"* beinhaltet zwei Formen: einfache Kreisspiele, mit denen über Sprache, Gesang und Rhythmus Bewegung ausgelöst und verstärkt wird, und Spiele, die mittels Musik dazu anregen, innere Gefühle wie Freude, Zufriedenheit, Unsicherheit oder Wut mit dem Körper auszudrücken. „Der Körper wird zum ‚Instrument' für Gefühle, die sich in Bewegungen mitteilen wollen." (Dorothee Kreusch-Jacob 1995, S. 118) Musik hören und sich dazu bewegen, das ist besonders für jüngere Kinder eng miteinander verknüpft. Die Bewegungen orientieren sich am Rhythmus und Puls der Musik und machen den musikalischen Ablauf durchschaubar und schließlich auch „voraus-hör-bar". Diese Sicherheit, „ich weiß, was jetzt kommt", motiviert Kinder zum Mittun; solches Spielen macht Spaß und wird auch bei mehrfacher Wiederholung für die Kinder nicht langweilig.

Die sozialen Fähigkeiten der Kinder mittels musikalischer Aktionen zu stärken, dies ist das besondere Ziel der vorgestellten Spiele im Kapitel *„Interaktion und Kommunikation"*. Sie erleichtern und fördern Gruppenprozesse, in denen wichtige Erfahrungen gesammelt werden: sich kennenlernen, Sicherheit darin gewinnen, sich den anderen mitzuteilen, Selbstvertrauen entwickeln und anderen ohne Angst zu vertrauen, lernen, aufeinander Rücksicht zu nehmen, Bereitschaft zur Kooperation. Musikalische Interaktion bietet die Möglichkeit, sich selbst anders, neu, spielerisch in ungewohnten Rollen zu erleben, und im sozialen Miteinander der Gruppe auch – ebenfalls spielerische – Reaktionen anderer Kinder darauf zu erhalten. Das Spiel bleibt ein freies Handlungsfeld zur Erprobung sozialer Rollen, das auch auf alltägliches Gruppengeschehen positiv zurückwirkt.

Das letzte Kapitel beschreibt einige *„Entspannungsspiele mit Musik"*. Beim Musikhören und Musikmachen werden stille Momente und Pausen erfahren; Stille und Pausen nicht im Sinne von „Leerzeiten", sondern als Möglichkeit der Entspannung und aktiven Auseinandersetzung mit dem Gehörten und dessen Verarbeitung.

Die Musik regt die Phantasie der Kinder an, sie nehmen sich selbst, ihren Körper intensiver wahr, horchen in sich hinein. Über diese Wahrnehmung wird Ruhe und Entspannung erfahren. Verschiedene Spiele beziehen auch Körper- und Hautkontakte mit ein; über die Haut werden entsprechende Impulse weitergegeben, sie berühren das Innere, „streicheln die Seele". Das Bedürfnis nach Entspannung und Ruhe (bei Kindern und Erwachsenen gleichermaßen) wächst, da wir uns unter einer „permanent akustischen Glocke" (Rüdiger Liedtke) befinden. Es ist nicht nur der Lärm auf der Straße, der uns zu schaffen macht, die unfreiwillige Berieselung von „Musik" im Alltag (in Kaufhäusern, beim Arzt, Friseur, an der Arbeitsstelle, in Restaurants) wird immer mehr zur Belästigung. Das Ohr läßt sich nicht „ausschalten", aber wir können lernen, uns selbst Inseln der Ruhe und Entspannung zu schaffen, und so den Sinnen Zeit zur Erholung schenken.

Rolle der Spielleiterin

Die Aufgabe des Spielleiters/der Spielleiterin – im folgenden verwende ich nur noch die weibliche Form – besteht gleichermaßen darin, mit Begeisterung Ideen und Impulse in die Gruppe zu geben als auch spontane Anregungen und Phantasien der Kinder im Spiel aufzugreifen und weiterzuentwickeln.
Die Spielleiterin ist aktiv am Spielgeschehen beteiligt, ist präsent und nimmt gleichzeitig die Gruppe und den einzelnen mit „Auge und Ohr" wahr. Über ihr Mit-tun beeinflußt sie den Spielverlauf. Chaotisches Durcheinander in der Gruppe oder allgemeine Spielunlust können verschiedene Ursachen haben. Sind sie mit der Struktur (= Spielregeln) oder Idee des Spieles zu begründen, ist es Aufgabe der Spielleiterin, flexibel zu reagieren, indem sie das Spiel verändert, erweitert oder gar abbricht.

Zu den Spielen

Entscheidend für die Auswahl der Spiele ist einerseits das Wissen um die Bedürfnisse, Interessen, Defizite und Probleme der Kinder und den daraus resultierenden pädagogischen Zielsetzungen und andererseits die Berücksichtigung räumlicher, zeitlicher und materieller Gegebenheiten
Grundsätzlich gilt: je größer und schwieriger eine Gruppe, um so strukturierter das Spiel. Strukturen sollen Sicherheit im Sinne von Orientierung bieten, doch da, wo sie Spielfreiheit und Spielfreude beeinträchtigen oder einengen, müssen sie verändert oder variiert werden. Die Kinder sollen weder unter- noch überfordert werden. Das Spiel sollte nicht durch verbale Spielanweisungen unterbrochen werden. Entdecken und benutzen Sie die „Sprache" der Instrumente. Ein Becken oder eine Trommel als Signalinstrument eingesetzt, erhöht die Aufmerksamkeit der Kinder.

Instrumente

Wenn Sie vor der Entscheidung stehen, sich neue Instrumente anzuschaffen, möchte ich Sie ermutigen, neben den bekannten und sicherlich auch empfehlenswerten „Orff-Instrumenten" Ausschau zu halten nach weniger bekannten, aber sehr reizvollen Instrumenten, die u.a. in den „Eine Welt-Läden" zu recht günstigen Preisen angeboten werden. Achten Sie jedoch auf eine gute Verarbeitung, schließlich sollen diese Instrumente auch über längere Zeit spieltauglich bleiben. Zu empfehlen sind besonders die vielen verschiedenen Percussioninstrumente (vgl. Abb.) wie Holzguiro (1), Kürbis- und Netzrassel (2), Schellenbänder (3), Kalimba = „Daumenklavier" (4), Kayamba (5), Rührtrommel (6), Klangschale (7), Cymbeln (8), Maracas (9) usw. Das ungewöhnliche Aussehen dieser Instrumente in Farbe und Form – oft aus Naturmaterialien statt aus Plastik hergestellt – übt einen großen Reiz auf die Kinder aus. Alle Instrumente sind in drei Sinneskategorien erfahrbar: dem taktilen, dem optischen und dem akustischen Sinn. Durch den Tastsinn lassen sich besonders folgende Merkmale erfahren und unterscheiden:

- Oberflächenbeschaffenheit (Holz, Metall = glatt, Fell = rauher)
- Temperatur (Metall = kalt, Holz = weniger kalt, Fell = wärmer)
- Festigkeit / Widerstand (Konsistenz) (Felle sind ela-

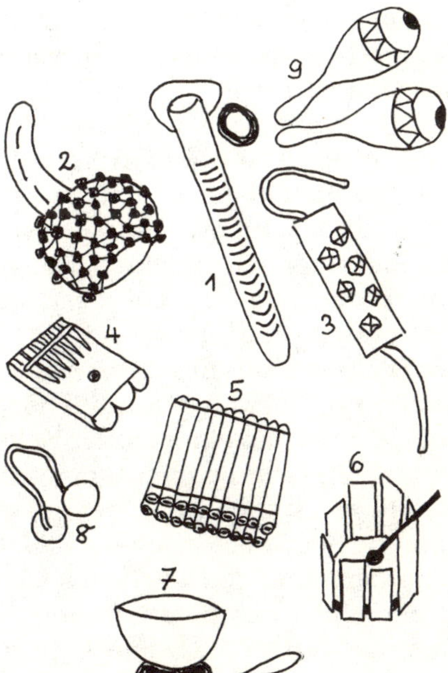

stischer, geben nach, während Metalle und Holz härter sind)

- Gewicht (Metall ist am schwersten, bei den Trommeln ist der Holzrahmen schwerer als das leichte Fell)
- Schwingungen (unterschiedliche Vibrationsintensität bei Holz, Metall und Fell)

Das Auge (optischer Sinn) unterscheidet die Instrumente in ihrer Form (rund, drei- und rechteckig, usw.) und Größe.

Über das Ohr (akustischer Sinn) nehmen die Kinder die unterschiedlichen Klänge der Instrumente wahr. Je nach Material (Holz, Metall, Glas, Plastik) und Spielweise (klopfen, schlagen, zupfen, blasen) verändern sich die Klangeigenschaften (hell – dunkel, hart – weich, laut – leise, kurz – lang).

Jedes Instrument hat eine mehrdimensionale Funktion im taktilen, optischen und akustischen Sinne. Da ist etwas am oder im Instrument, was das Kind anzieht – oder abschreckt. So wie auch die Musik eine bestimmte Bedeutung für den Hörer oder Spieler hat, „für etwas steht" (z.B.Wiegenlieder bedeuten Entspannung, Ruhe, erinnern an Einschlafrituale), so besitzt jedes Instrument eine ihm eigene Symbolkraft. Diese Kraft wirkt sich (unbewußt) entscheidend auf die Wahl eines bestimmten Instrumentes aus. Das Kind besetzt entsprechend seiner Welt und Erfahrung die Instrumente mit bestimmten Bildern. So kann der runde Körper mit den darübergeknüpften Perlen einer afrikanischen Netzrassel die Funktion einer Puppe übernehmen; sie beginnt mit dem Rasseln zu „sprechen". Oder ein großes Bekken wird während des Spiels zu einem Schutzdach, das mit seinen „starken" Klängen alle Feinde abwehrt. „Die Assoziation eines Instrumentes mit einem Ding oder einer Handlung erweitert die Sinneskapazität. Sie hat kommunikativen Charakter." (Gertrud Orff, S. 25)

Raum und Zeit

Fast alle Spiele brauchen genügend Raum; je weniger Mobiliar wegzuräumen ist für jede Aktivität, um so spontaner kann ein Spiel durchgeführt werden. Ein „freier" Raum bietet flexible Bewegungsmöglichkeiten.
Als Fußbodenbelag eignen sich besonders Linoleum oder Holz. Wichtig ist auch, auf die Beleuchtung des Raumes zu achten. Bietet er genügend Tageslicht oder wird er durch künstliches Licht ungemütlich hell? Gibt es ausreichende Belüftungsmöglichkeiten? Die Spiele benötigen einen Raum, wo man nicht gestört wird. Die Geräuschkulisse von außen sollte so gering wie möglich sein, und umgekehrt sollte der „Spiellärm" andere nicht stören. Einige Spiele sind recht kurz, andere beanspruchen sehr viel mehr Zeit. Jedes Spiel sollte sehr bewußt auch unter diesem Aspekt ausgewählt werden. Nichts ist unbefriedigender für alle TeilnehmerInnen, als das Spiel aus Zeitgründen abbrechen zu müssen.

Rhythmik-Materialien

Viele Materialien sind in den Einrichtungen schon vorhanden oder können kostengünstig angeschafft werden, so z.B. Luftballons in den Grundfarben, verschieden farbige Chiffontücher, Holzkugeln oder Tennisbälle, Japanische Papierbälle, Holz- oder Plastikreifen, Seile. Alle anderen Materialien für die Spiele lassen sich ohne großen Aufwand selbst herstellen oder besorgen.

Musik von Tonträgern

Der Musikmarkt ist überfüllt mit Kinderliedern, klassischer und meditativer Musik. Die Wahl fällt immer schwerer. Fragen wie: Welche Zielgruppe soll angesprochen werden? Welche Aktion ist geplant?, sind ebenso entscheidend für die Auswahl wie Ihre persönliche Bewertung der Musik. Sind Sie begeistert, werden sich auch die Kinder „anstecken" lassen. Bei dem Abspielen von Cassetten und CD's achten Sie auf die Qualität der Abspielgeräte; eine gute Klangqualität macht mehr Lust auf's Zuhören, nimmt Musik und Zuhörer wichtig. Aus der Vielfalt der Musik für Bewegungsspiele möchte ich nicht Publikationen der bekannten Kinderliederautoren (wie Frederik Vahle, Detlef Jöcker, Rolf Zuckowski ...) nochmals aufzählen. Auf einige unbekanntere Materialien möchte ich jedoch hinweisen:

Begleitkassette zum Sonderheft der Reihe Bausteine Kindergarten/Grundschule (eingespielt von Elisabeth und Bernward Hoffmann): Wolfgang Riefler/Helmut Dreher, Musik macht uns Kinder froh. Musikalische Erziehung in Kindergarten und Grundschule, Verlag Bergmoser & Höller, Aachen

Klaus W. Hoffmann/Klaus Neuhaus, Tanz, tanz, tanz! Tanzlieder aus ganz Europa, Verlag pläne/Patmos, Düsseldorf 1994 (erhältlich ist auch ein Begleitheft mit allen Noten und Tanzbeschreibungen)

Bernhard Strassel, Hits für Kids. Neue Songs für große und kleine Kinder (Tonkassette und Begleitheft). Kontaktadresse: B. Strassel, Hauptstraße 12, Landau

Gerhard Schöne, Gerhard Schöne singt Kinderlieder aus aller Welt, Polydor GmbH, Glockengießerwall 3, 20095 Hamburg, 1995

Herman van Veen, Rote Wangen. 20 Jahre Kinderlieder. Polydor, Hilversum, 1990

Als ruhige, meditative Musik eignen sich viele entsprechende Sätze klassischer Musik oder auch aktueller Instrumentalmusik aus dem Popbereich. Wählen Sie Musik, die Ihnen selbst gefällt; „kindertümelnde" Musik empfinden Kinder selbst oft auch als langweilig. Empfehlen möchte ich die populäre Harfenmusik von Andreas Vollenweider und Flötenmusik von Hans Jörg Hufeisen. Vorsicht geboten ist bei CDs aus dem „Esoterik"-Sortiment, die häufig nicht mehr als billige Syntesizerklänge in fast beliebiger Abfolge anbieten (vorher anhören!). Auf zwei unbekanntere Musik-CDs möchte ich ausdrücklich hinweisen:

Peter Fassbender, Kookaburras Flute Dream. Eine Australische Reise, Kontaktadresse und Bestellung: Ethno Medial Sound Peter Fassbender Rüdesheimer Strasse 2, Wiesbaden

Dresdener Gitarrenduo, a la vida, Eurostar Schallplatten GmbH, Blue Flame Germany, 1991

Giora Feidman, The singing clarinet, Verlag „pläne" GmbH, Dortmund, 1987

Antonio Vivaldi, VIER JAHRESZEITEN, (Winter-Largo), Konzert für Violine und Laute, d-moll, (Largo), Konzert f. Gitarre und Orchester, D-Dur, (Andante largo)

HÖR- UND KONZENTRATIONS-SPIELE MIT KLÄNGEN UND GERÄUSCHEN

SPAZIERGANG MIT GERÄUSCHEN

Ratespiel
Ort: Gruppenraum und draußen
Dauer: ca. 20–30 Minuten
Gruppengröße: 15–20 Kinder
Alter: 4–6 Jahre
Material: Tragbarer Kassettenrecorder (mit Batterien) und Mikrofon, Kassette

Beschreibung des Spiels

Die Spielleiterin und eine kleine Gruppe von Kindern nehmen auf ihrem Spaziergang in die Stadt, in den Wald, vielleicht auch in der Einrichtung selbst einen Kassettenrecorder mit. Die verschiedensten Geräusche werden aufgenommen; das Öffnen und Schließen einer Tür, das Herannahen eines Autos, das Signal einer Fahrradklingel, Maschinengeräusche, Vogelgezwitscher, das Öffnen und Schließen des Wasserhahnes usw. In der Großgruppe wird diese Geräuschkassette abgespielt. Mit geschlossenen Augen hören die Kinder zu und versuchen die Geräusche zu erraten.
Spannend ist auch für die Kinder, diesen Spaziergang mit Hilfe der akustischen Wegweiser nachzugehen, eine Art Hör-Rallye daraus zu entwickeln.

Variante

Ein besonders abwechslungsreich und interessant illustriertes Bilderbuch dient als Vorlage, z.B. die Bücher von Ali Mitgutsch mit den „Wimmelbildern". Ein Kind wählt aus dem Gesamtbild einen kleinen Ausschnitt, macht das entsprechende Geräusch und die anderen Kinder sollen raten, wer oder was auf der aufgeschlagenen Bilderbuch-Seite dieses Geräusch macht.

Kommentar
Bei diesem Spiel geht es um die Sensibilisierung der akustischen Wahrnehmung. Das Gehör wird in erster Linie auf alltägliche Klang- und Geräuschquellen unserer Umgebung gelenkt. Die Konzentrationsfähigkeit wird gesteigert, wenn die Spielleiterin darauf achtet, daß die Kinder beim Hören die Augen schließen. Dieses Spiel braucht Zeit und sollte nicht den Charakter eines Wettspiels bekommen.

GERÄUSCHE-MEMORY

Wahrnehmungsspiel
Ort: Gruppenraum
Dauer: ca. 15 Minuten, je nach Menge der Dosen und Anzahl der Mitspieler
Gruppengröße: Tischgruppen
Alter: 4–6 Jahre
Material: ca. 16–20 leere Filmdöschen (Sie müssen alle gleich aussehen! Im Fotoladen meist kostenlos zu bekommen.), Füllmaterial wie Sand, Reis, Erbsen, kleine Nägel, Nudeln, kleine Kieselsteine, Wasser, usw.

Beschreibung des Spiels
Die Spielleiterin (später auch die Kinder) bereitet das Spiel vor, indem sie jeweils zwei Döschen mit der gleichen Menge an Material füllt. Wichtig ist, daß sich der Klang von Paar zu Paar deutlich voneinander unterscheidet, zumindest bei den Anfängern.
Das Spiel wird wie ein Kartenmemory „gemischt" und auf dem Tisch oder Boden aufgebaut. Die Döschen dürfen nicht zu eng beieinander stehen.Ein Kind beginnt, vergleicht durch leichtes Schütteln der Dosen den Inhalt. Stimmt der Klang überein, darf es beide Dosen behalten, ansonsten merkt es sich diesen Klang, den auch die anderen Kinder gehört haben, stellt die Dosen an ihren Platz zurück und das nächste Kind ist an der Reihe. Am Ende des Spiels dürfen alle Dosen geöffnet und auf ihren Inhalt hin überprüft werden. Wer hat die meisten Dosenpaare erraschelt?

Variante

Das Geräusche-Memory wird als Aufteilungsspiel zum Bilden von Kleingruppen eingesetzt. Es werden nicht nur zwei Dosen mit dem gleichen Inhalt gefüllt, sondern drei, vier oder fünf. Die Anzahl der Dosen und die der Mitspieler muß übereinstimmen. Die Dosen werden gemischt und auf dem Boden nicht zu eng zusammengestellt. Auf ein Signal (Instrument oder Stimme) nimmt sich jedes Kind eine Dose und macht sich rasselnd und hörend auf die Suche, bis es seine „Familie" oder Gruppe mit dem gleichen Geräusch gefunden hat.

Kommentar

Je jünger die Mitspieler sind, um so weniger Dosen sollten im Spiel sein und um so deutlicher sollte sich ihr Inhalt vom Klang her unterscheiden. Für die älteren Kinder läßt sich der Schwierigkeitsgrad der Klangerkennung steigern.

WAS IST DRIN?

Wahrnehmungsspiel
Ort: Gruppenraum, Turnraum
Gruppengröße: 10–12 Kinder
Dauer: ca. 20 Minuten
Alter: 5–6 Jahre
Material: sechs gleiche Plastikdosen, Material zum Füllen

Beschreibung des Spiels

Die Dosen werden mit unterschiedlichen Materialien gefüllt. (Zucker, Sand, Büroklammern, Perlen, kleine Steine, größere Steine)
Die Kinder versuchen zunächst durch das Rasseln der Dosen zu erraten, um welchen Inhalt es sich handeln könnte. Einfacher wird es, wenn die entsprechenden Materialien dazugelegt werden, so daß es auch eine optische Hilfestellung gibt. Die Kinder ordnen Dosen und entsprechende Materialien einander zu, zum Schluß erfolgt die Kontrolle durch das Öffnen der Dosen.

Variante

Die Dosen werden nach der Lautstärke geordnet. Für das leiseste und lauteste Geräusch wird ein Zeichen gefunden, z.B. ein kleiner und ein großer Punkt. So entsteht eine Laut-Leise-Partitur, die mit dem Einsatz der Geräuschdosen auch hörbar wird. Sie dient als

Spielplan für die Gruppe, die entsprechend zum Zeichen mit ihren Dosen leise oder laut spielt. Möglich ist auch die Aufteilung in eine laute und leise Gruppe. Hier lassen sich viele weitere Varianten entdecken.

Kommentar

Diese Spiele verlangen sehr viel Konzentration von den Kindern. Das Unterscheiden von lauten und leisen Höreindrücken gehört zu den ersten Hörleistungen. Die Kinder machen Erfahrungen mit den musikalischen Parametern Tonstärke und Tonhöhe. Die Spiele sollten in ruhiger Umgebung und nicht zu lange gespielt werden.

ZEITUNGSMUSIK

Wahrnehmungsspiel
Ort: Gruppenraum oder kleinerer, möglichst lärmgeschützter Raum
Gruppengröße: 10–12 Kinder
Dauer: ca. 15 Minuten
Alter: 5–6 Jahre
Material: Zeitungen, großer Regenschirm oder Tuch

Beschreibung des Spiels

Nach dem Ausprobieren von verschiedenen Geräuschen, die man mit einer Zeitung machen kann (darüberstreichen, rascheln, wedeln, knüllen, mit den Fingern darauf klopfen, darauf schlagen, falten, Fransen reißen, Blatt entzweireißen, darauf treten, die Zeitungskugeln am Boden pusten ...), setzen sich die Kinder auf den Boden. Etwas entfernt von ihnen wird ein großer, aufgespannter Regenschirm (oder Tuch gespannt) auf den Boden gelegt. Ein Kind aus der Gruppe versteckt sich hinter dem Schirm und spielt nun verschiedene Zeitungsgeräusche vor. Die anderen Kinder sollen dieses Geräusch erraten und es dann gemeinsam mit ihrer Zeitung wiederholen. Es darf dann das nächste Kind hinter den Schirm.

Variante

Das Kind hinter dem Regenschirm stellt eine Geräuschkette vor, die die anderen Kinder in der gleichen Abfolge wiedergeben. Noch spannender und schwieriger wird es, wenn andere Papiersorten hinzukommen, wie Seidenpapier, Pappe, Schokoladenpapier usw.

Kommentar

Diese Spiele fördern die akustische Differenzierung. Wichtig ist es, darauf zu achten, daß die Geräusche nicht zu schnell aufeinander folgen; die Pausen dazwischen sind ebenso wichtig, um sich auf ein neues Geräusch einstellen zu können. Wie lassen sich die Geräusche in Worte fassen, wie kann man sie beschreiben? Bei der Variante ist zu beachten, daß die Ketten nicht zu lang sind.

GLEICH UND GLEICH GESELLT SICH GERN

Wahrnehmungsspiel
Ort: Gruppenraum, Turnraum
Gruppengröße: 12 Kinder (Paarzahl)
Dauer: ca. 15–20 Minuten
Alter: 4–6 Jahre
Material: 6 verschiedene Instrumente in doppelter Anzahl (z.B. 2 Paar Klanghölzer, 2 Handtrommeln, 2 Cymbeln, 2 Triangeln, 2 Rührtrommeln, 2 Klangbausteine)

Beschreibung des Spiels
Die Kinder sitzen im Stuhlkreis, mit dem Blick nach außen, so daß sie einander nicht sehen können. Die Kinder schließen ihre Augen und bekommen von der Spielleiterin ein Instrument. Jeweils zwei Kinder haben das gleiche Instrument, sie dürfen nicht nebeneinander sitzen. Die Spielleiterin stellt sich in die Mitte des Kreises und berührt nun den Rücken eines Kindes, das zu spielen beginnt. Das Kind mit dem gleichen Instrument setzt jetzt ein, bis das erste Kind sein Spiel beendet hat; dann hört es auch auf. Das nächste Kind wird angetippt. Die Rolle der Spielleiterin sollte schon bald von einem Kind übernommen werden.

Variante

Die Spielleiterin tippt zwei oder vielleicht auch drei Kinder mit unterschiedlichen Instrumenten an. Nach einer Weile werden alle Plätze getauscht, jedes Kind hat nun ein neues Instrument vor sich.

Kommentar

Bei diesen Spielen ist es sicher interessant zu beobachten, inwieweit die Kinder schon in der Lage sind, einfache rhythmische Motive zu entdecken und damit in Dialog zu dem anderen Kind treten. Wie leicht oder schwer fällt es dem einzelnen Kind, einen Schluß zu finden oder ihn zu hören und zu befolgen? Die Gruppe sollte nicht zu groß sein, dann brauchen die Kinder nicht so lange auf ihren Einsatz warten.

BLIND DURCH DEN OZEAN

Bewegungs- / Wettspiel
Ort: Turnraum und draußen
Gruppengröße: 8–20 Kinder
Dauer: ca. 20 Minuten, je nach Gruppengröße
Alter: 4–6 Jahre
Material: Zeitungen

Beschreibung des Spiels
Die Kinder bilden zwei gleichlange Reihen, die in etwa 8 Meter Abstand einander gegenüber stehen. Aus ihren Reihen wählen sie zwei Schwimmer, die mit verbundenen Augen das tiefe Meer durchschwimmen sollen. Die beiden Schwimmer stellen sich nun in die Mitte der gegnerischen Reihe. Auf dem Boden werden zerknüllte Zeitungen verteilt, schließlich lauern im Meer viele Gefahren. Da tümmeln sich große Fische, Krokodile und andere Ungeheuer. Beide Schwimmer sollen nun versuchen, ihre Insel zu erreichen, die von den Kindern der eigenen Gruppe dargestellt wird. Sie werden mittels Zurufen der eigenen Gruppe

durch den Schwarm von Fischen und Ungeheuern gelenkt, damit sie ja keines berühren. Passiert dies dennoch, so muß er/sie es noch einmal probieren. Wer erreicht zuerst die Insel, das heißt die eigene Gruppe?

Variante
Die Schwimmer werden nicht über Zurufe gelenkt, sondern mit zwei Instrumentengruppen, z.B. Rhythmus- und Melodieinstrumenten, begleitet. Ein Schwimmer konzentriert sich auf Signale von Trommel, Rassel oder Klanghölzer und der andere reagiert auf ein Glockenspiel, Xylophon und Flöte.

Kommentar
Wichtig bei diesen Spielen ist, daß die Spielleiterin das Gruppengeschehen sehr genau beobachtet, um notfalls zu reagieren, wenn sie das Gefühl hat, daß die Hilflosigkeit des „blinden" Kindes entweder ihm selbst oder der Gruppe zum Problem wird. Die Spiele setzen ein gewisses Maß an Vertrauen zueinander voraus. Kennt die Gruppe sich noch nicht so gut, wartet man mit diesen Spielen noch ein wenig. Auf jeden Fall sollte die Spielleiterin nach jeder Runde die „Blinden" kurz nach ihren Erfahrungen fragen; diese können sehr verschieden sein, aber meistens besteht das Bedürfnis, darüber zu sprechen.

STILLE POST

Wahrnehmungsspiel
Ort: Gruppenraum, Turnraum
Gruppengröße: 20–25 Kinder
Dauer: ca. 10 Minuten
Alter: 4–6 Jahre
Material: eine Trommel

Beschreibung des Spiels

Die Kinder stellen die Stühle in Form eines Zuges auf, aber so, daß sich ein geschlossener Kreis ergibt. Alle Kinder setzen sich und schließen die Augen. Die Spielleiterin „trommelt" einem Kind einen kurzen, einfachen Rhythmus auf den Rücken. Diese „Nachricht" wird von Rücken zu Rücken weitergegeben, bis das letzte Kind im Kreis seine Nachricht auf einer „echten" Trommel hörbar werden läßt. Hat sich die Nachricht auf dem Wege verändert? In der nächsten Runde wählt ein Kind einen Rhythmus und schickt ihn auf die Reise.

Variante

Die Kinder verteilen sich im Turnraum und bauen sich mit Reifen, die sie auf den Boden legen, ein Haus. Nun verläßt ein Kind sein Haus und besucht ein anderes, begrüßt es mit einem kurzen rhythmischen Motiv auf Arme, Beine oder Rücken, das man auch hören darf. Das andere Kind beantwortet diesen Gruß mit dem gleichen Motiv. Die beiden wechseln nun ihre Rollen; das erste Kind zieht in dieses Haus ein und das andere Kind verläßt sein Haus und besucht das nächste Kind mit einem neuen „Gruß". Es sollten alle Kinder einmal besucht werden.

Kommentar

Diese Spiele beinhalten viele Körperberührungen. In sich hineinspüren, mit dem Körper hören, die Berührungen zulassen, einen Rhythmus erkennen und ihn möglichst genau weiter- oder wiedergeben, das fordert sehr viel Aufmerksamkeit und Offenheit. Mit einfachen rhythmischen Motiven tun sich die Kinder anfangs schwer, hilfreich sind hier mehrsilbige Worte (Wasserrutsche, Sandkasten), kurze Sprechverse, wie z.B. „Fritz, Fratz, Friederich" (2x lang, 3x kurz), nach denen die Silben geklopft werden.

WOHIN FÄLLT DER STEIN?

Wahrnehmungsspiel
Ort: draußen; ungefährliches, ebenes Gelände
Gruppengröße: 20–25 Kinder
Dauer: ca. 15–20 Minuten, je nach Größe der Gruppe
Alter: 3–6 Jahre
Material: ein dicker Stein

Beschreibung des Spiels

Ein Kind sucht einen dicken, großen Stein. Alle anderen Kinder stehen mit geschlossenen Augen in etwa 10 Meter Entfernung. Hören sie das Aufplumpsen des Steines, gehen sie so nah wie möglich zum gehörten Fallpunkt des Steines. Wer am nächsten dran ist, darf den nächsten Stein suchen und fallen lassen.

Variante

In geschlossenen Räumen läßt sich dieses Spiel natürlich auch mit Gegenständen spielen oder ein Kind sucht sich leise mit seinem Instrument einen Platz im Raum und spielt es kurz an. Die Kinder folgen dem Klang und versuchen den Standplatz des Kindes zu orten.

Kommentar

Diese Spiele fördern das Richtungshören; die Kinder lernen sich akustisch in einem Raum zu orientieren. Ei-

nige Kinder werden sehr sicher auf das vermeintliche Ziel zugehen, andere lassen sich vielleicht durch die Schritte der Mitspielenden verunsichern und können sich nicht mehr an den „Fall- oder Klangpunkt" erinnern. Wichtig ist es, daß die Spiele in lärmgeschützter Umgebung gespielt werden.
An dieser Stelle möchte ich anmerken, daß prinzipiell bei allen „Blindspielen" gilt: Die Kinder entscheiden für sich, ob sie die Augen schließen wollen oder nicht. Ich erlebe immer wieder beide Varianten; die einen betrachten das „Augenverbinden" als Hilfe oder finden es spannend, die anderen reagieren mit Abwehr oder sogar Angst und möchten lieber so die Augen schließen. Respektiert die Spielleiterin diese unterschiedlichen Bedürfnisse, werden die Spiele ohne Verspannung an Intensität, Spannung und Konzentration gewinnen.

KLINGENDE GLÄSER

Wahrnehmungsspiel
Ort: Gruppenraum, Turnraum
Gruppengröße: 12 Kinder
Dauer: ca. 30 Minuten
Alter: 4–6 Jahre
Material: 12 leere Milchflaschen, entsprechend der Anzahl der Kinder, 12 Holzklöppel, Gong oder Trommel, Wasser

Beschreibung des Spiels
Für das Spiel füllen die Kinder immer zwei gleiche Flaschen mit der gleichen Menge Wasser. Über den Klangvergleich kontrollieren sie ihre Flaschen. Alle sechs Flaschenpaare werden im Raum verteilt auf den Boden gestellt. Daneben liegen die Holzklöppel. Nun verteilen sich auch die Kinder im Raum. Nach 12 Glokkenschlägen, die die Spielleiterin auf dem Gong (ein frei hängendes Kuchenblech eignet sich vorzüglich als Gong) oder der Trommel vorgibt, verwandeln sich alle Kinder in Flaschengeister und schleichen um die Flaschen herum. Dabei sprechen sie beschwörend:

„Flaschengeist, Flaschengeist,
ob du wohl den Klang noch weißt;
hör gut zu, gib gut acht,
welcher Klang erwacht?"

Zum Ende des Verses bleibt jedes Kind an einer Flasche stehen. Die Spielleiterin zwinkert einem Kind zu, welches dann seine Flasche anschlägt. Die anderen Kinder hören zunächst nur zu, bis das Kind mit der gleichen Flasche reagiert und ebenfalls seine Flasche anschlägt. Ist es der gleiche Ton, beginnt das Spiel von neuem.

Variante

Die Kinder ordnen den jeweiligen Tönen unterschiedliche Farben zu. So entsteht eine Farbskala von dunkel bis hell. Das Wasser in den Flaschen wird entsprechend gefärbt. Den jüngeren Kindern fällt dann das oben beschriebene Spiel noch leichter. Mit zusätzlichen Farbkärtchen läßt sich dann auch noch ein musikalischer Spielplan entwickeln. Die Karten in einer bestimmten Reihenfolge angeordnet geben die Melodie der „Flaschenmusik" vor.

Kommentar

Kindern macht es Spaß, mit Wasser zu spielen, es in Gefäßen hin und her zu füllen. Sie machen hier gleichzeitig die Erfahrung, wie unterschiedlich die Gläser

klingen, je nach Menge des Wassers und Größe des Gefäßes. Im Wechsel von spielen, ausprobieren und horchen entstehen immer wieder neue Ideen, denen viel „Spielraum" gelassen werden sollte.

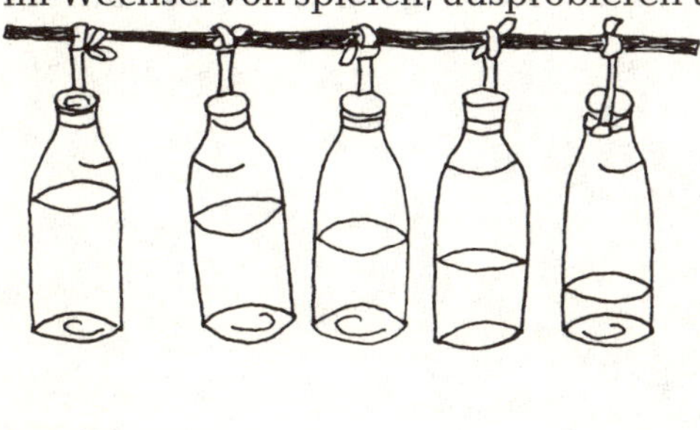

DIE REGNENDE WOLKE

Rundspiel
Ort: Gruppenraum, Turnraum
Gruppengröße: 20–25 Kinder
Dauer: ca. 10 Minuten
Alter: 3–6 Jahre
Material: Trommeln in Teilnehmerzahl oder verschiedene Gegenstände mit Schlagflächen, alle möglichst mit gleicher Lautstärke, aber verschiedener Klangfarbe, ein dunkles Tuch

Beschreibung des Spiels
Die Kinder sitzen mit ihrem „Instrument" im Stuhlkreis. Die Spielleiterin erzählt eine Wettergeschichte, dabei entsteht ein Regenmotiv, das die Kinder auf ihren Instrumenten mittrommeln. Mit dem Erscheinen der Sonne (Triangel oder Cymbel) verstummen die Instrumente. An einer Stelle im Kreis zieht nun eine dunkle Wolke herauf. Zwei Kinder halten ein Tuch über zwei oder drei Kinder gespannt und lassen es langsam über alle Kinder gleiten. Immer dort, wo die dunkle Wolke gerade ist, hört man es regnen. Bewegt sich das Tuch stärker, darf auch der Regen lauter klingen. Die Sonne läßt den Regen wieder leise werden.

Variante
Die Wolke verändert ihre Richtung oder beim Sonnenschein tauschen alle Kinder ihre Plätze, entweder mit oder ohne Instrumente.

Kommentar
Hier erleben die Kinder ihr eigenes Spiel in einem größeren Zusammenhang. Sie müssen schnell reagieren und entwickeln ein Gefühl für rhythmische und dynamische Klangverläufe. Die Spielleiterin sollte darauf achten, daß alle Kinder auf das Geschehen horchen, um extreme Schwankungen von laut und leise zu vermeiden. Die Entwicklung sollte in Übergängen vor sich gehen, daß also kein Kind eigenwillig eine plötzliche Änderung hineinbringt, wie es beim „richtigen" Regen auch nicht vorkommt.

DAS VOGELNEST

Darstellendes Spiel
Ort: Turnraum
Gruppengröße: 8–10 Kinder
Dauer: ca. 15–20 Minuten
Alter: 4–6 Jahre
Material: 8–10 Klangholzpaare, Glockenspiel, Xylophon, Metallophon, Triangel und andere vorhandene Instrumente

Beschreibung des Spiels
Die Kinder stellen sich vor, sie seien kleine Vogelkinder, die noch nicht aus ihrem Ei geschlüpft sind. Auf einem Teppich oder einer großen Decke kriechen sie in ihrem Nest ganz dicht zusammen und sind ganz still. Um die Kinder herum verteilt die Spielleiterin als Vogelmutter (Vogelvater) alle Instrumente, denn schließlich sollen die Eier ja nicht aus dem Nest fallen. Die Kinder bekommen ihre Klanghölzer. Nun beginnt die Vogelmutter (Vogelvater) zu singen und zu flöten. Sie schaut eines der „Vogelkinder" an, das nun im Ei zu picken beginnt, in dem es die Klanghölzer spielt. Die Spielleiterin hört auf zu singen und hilft dem Vogelkind von außen beim Picken, indem es mit ihren Klanghölzern reagiert und antwortet. Sie imitieren sich dabei ohne besondere Verabredung bis das Ei entzwei ist. Der geschlüpfte Vogel verläßt sein Nest und hockt sich an eines der Instrumente und begleitet nun seine Vogelmutter (Vogelvater). Zum Schluß sitzen alle an den Instrumenten und veranstalten ein Vogelkonzert.

Variante

Die Vogelkinder im Nest sprechen oder singen gemeinsam den Vers: „Vogelvater singe, Eilein, Eilein springe, Vogelmutter pick uns raus, schlüpfen alle Jungen raus!" Damit verlassen alle ihr Nest, die Spielleiterin begleitet die ersten Flugversuche auf dem Instrument. Beendet sie ihr Spiel, fliegen alle Vögel wieder ins Nest zurück.

Kommentar

Bei diesem Spiel sind besonders die jüngeren Kinder angesprochen. Im „Nest" fühlt sich jedes Kind mit dem Ganzen verbunden, beschützt, bis es sich selbst in den Mittelpunkt stellt und den Kreis verläßt, flügge wird. In der Variante werden die Kinder darin bestärkt, eigene Wege zu gehen und dabei auch den anderen Raum zu geben. In den Bewegungen können sie Gefühle und Stimmungen zum Ausdruck bringen.

SPIELE MIT STIMME UND KÖRPER

PLIM, PLAM, PLUM

Klangreim
Ort: Gruppenraum
Gruppengröße: 20–25 Kinder
Dauer: ca. 15 Minuten
Alter: 3–6 Jahre
Material: Der eigene Klang „Körper“, verschiedene Instrumente

Beschreibung des Spiels

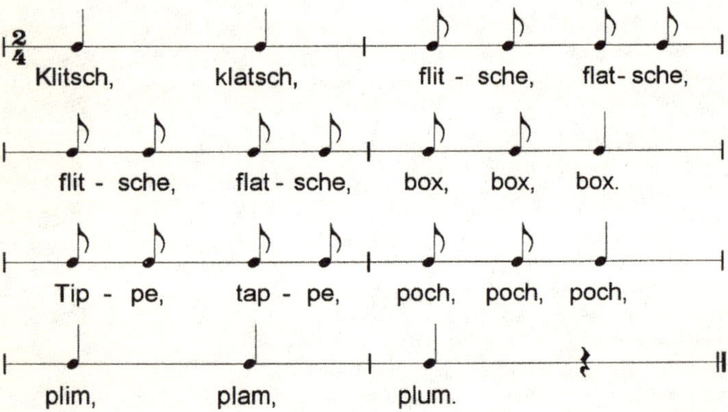

Im Sprachrhythmus sprechen die Kinder diesen Vers. Die Kinder werden sehr schnell eine entsprechende Begleitung mit ihren Körperinstrumenten (Klatschen, Patschen, Schnipsen, Stampfen usw.) finden.
Wiederholungen sollten durch Lautstärke, Tonstärke (Dynamik), Artikulation gestaltet und variiert werden.

Zuletzt kann der Vers lautlos als Mund- und Lippenspiel gestaltet werden, so daß nur noch das Klangspiel der Körperinstrumente hörbar ist.

Variante

Der Sprachrhythmus wird auf Instrumente übertragen. Welche Instrumente imitieren die unterschiedlichen Geräusche am deutlichsten? Die Gruppe teilt sich in eine Instrumenten- und eine Bewegungsgruppe und probiert eine gemeinsame Gestaltung des Verses.

Kommentar

Die Spielleiterin sollte bei diesem Spiel sehr bewußt auf ihre eigene Sprachartikulation achten. Die Konsonanten sollten scharf artikuliert werden, wichtig ist auch die rhythmische Prägnanz. Unterstützend kann hier der Einsatz von Schlaginstrumenten (z.B. Rahmentrommel, Holzblocktrommel, Klanghölzer, usw.) sein.

WETTERKANON

Stimmenspiel
Ort: Turnraum
Gruppengröße: 15–20 Kinder
Dauer: ca. 15–20 Minuten, je nach Gestaltung
Alter: 5–6 Jahre
Material: Stühle, verschiedene Instrumente

Beschreibung des Spiels

Die Kinder verteilen sich mit ihren Stühlen im Raum und knien sich davor. Auf der Sitzfläche probieren sie verschiedene Regengeräusche aus; sie trommeln ganz leicht mit ihren Fingerspitzen, lassen die Regentropfen lauter und wieder leiser werden. Die Spielleiterin trommelt mit und spricht zunächst die erste Zeile des Kanons: dip (Pause), dop (Pause), und wiederholt dies

einige Male, bis alle Kinder mitsprechen. Dabei sollte das Metrum (als Viertel gleichmäßig mitgeklopft) immer hörbar bleiben. Nun kommt die nächste Zeile hinzu: Re-gen- trop- fen, Re- gen- trop- fen. Hier wird die Stimme schon lauter, jede Silbe deutlich betont. Das „Hui" vor dem Blitz bekommt besonderen Schwung durch das Anheben der Stimme, während der „Blitz" ganz scharf artikuliert wird. Beim „Don- ner- grol- len" senkt sich die Stimme und klingt ganz gefährlich. Den Schluss bildet das „Un- wet- ter", wobei die Betonung auf dem „Un-" liegt.
Sind die Kinder schon in der Lage, den ganzen Wettervers zu gestalten, können nun fünf Wettergruppen gebildet werden, die wie bei einem Kanon nacheinander einsetzen.

Variante
Der Wetterkanon wird auf charakteristische Instrumente übertragen. Auch hier spielt die Spielleiterin den Puls des Verses (Metrum) auf der Trommel. Reizvoll ist der Wechsel von Melodieinstrumenten, Stimme und Rhythmusinstrumenten.

Kommentar
Dieses Spiel ist sicher nicht so einfach. Es fordert sehr viel Konzentration von den Kindern. Die Stimme mit all ihren Ausdrucksqualitäten kennenzulernen und auszuprobieren, dem muß viel Zeit und Raum gegeben werden, bevor dieser Vers durch den Zusammenklang der verschiedenen Rhythmen einen neuen Reiz bekommt.

KLICKENDER STEIN

Singspiel
Ort: Turnraum
Gruppengröße: 12–14 Kinder
Dauer: ca. 20 Minuten
Alter: 3–6 Jahre
Material: etwa 28 verschieden große Steine, Korb, Tuch

Beschreibung
des Spiels Alle Kinder verteilen sich im Raum und schließen ihre Augen. Die Spielleiterin geht mit einem Korb verschiedener Steine umher und singt dabei (auf die Melodie: Taler, Taler, du mußt wandern):

Mit dem Ende des Liedes bleibt sie bei einem Kind stehen und läßt es „blind" zwei Steine aus dem Korb aussuchen. Dieses Kind übernimmt das Gehtempo der Spielleiterin, indem es die Steine aneinanderklickt. Es schließt sich der Spielleiterin an. Auf diese Weise werden singend alle Steine verteilt, bis zum Schluß alle Kinder in einer langen Schlange Steine klickend durch den Raum gehen.

Variante

Die Kinder hocken sich im Kreis auf den Boden. In der Mitte steht ein Korb mit unterschiedlich großen Steinen. Der Korb wird herumgereicht und jedes Kind wählt sich einen Stein aus, den es so genau betrachtet und betastet, daß es seinen Stein unter vielen herausfinden würde. Die Steine werden zurück in den Korb gelegt und zugedeckt. Nun greift eines der Kinder in den Korb und wählt „blind" einen Stein aus, der beim Singen des Liedes im Sitzkreis herumgereicht wird. Erkennt ein Kind seinen Stein, ruft es „stop"; das Lied wird unterbrochen, bis der nächste Stein im Kreis umherwandert. Das Spiel ist zu Ende, wenn alle Kinder ihre Steine in Händen halten.

Kommentar

Die Steine können mit den Kindern auf einem gemeinsamen Spaziergang gesammelt werden. Sie lassen sich wunderbar als Instrumente verwenden. Sie sind visuell, akustisch und haptisch erfahrbar. Die Form, Größe und Oberflächenbeschaffenheit des Steines beeinflussen seine Klangeigenschaften. Die Kinder werden neben der Differenzierung der Lautstärke auch verschiedene Klangfarben wahrnehmen.

GROSSE STEINE – KLEINE STEINE

Sprechgesang
Ort: Gruppenraum, Turnraum
Gruppengröße: 14–16 Kinder
Dauer: ca. 20 Minuten
Alter: 5–6 Jahre
Material: Steine in unterschiedlicher Form, Größe und Farbe in doppelter Anzahl wie Kinder

Beschreibung des Sprechgesangs

Jedes der mitspielenden Kinder sucht sich draußen zwei Steine. Auf einem Tuch in der Mitte des Raumes werden sie ausgebreitet. Nach ausführlichem Betrachten, Betasten und Vergleichen werden alle Steine entsprechend dem Text des Sprechgesanges den Begriffen groß – klein, grob – fein, rund – eckig, dreckig zugeordnet. Jeweils zwei Kinder übernehmen mit den entsprechenden Steinen einen Begriff und begleiten den folgenden Sprechgesang:

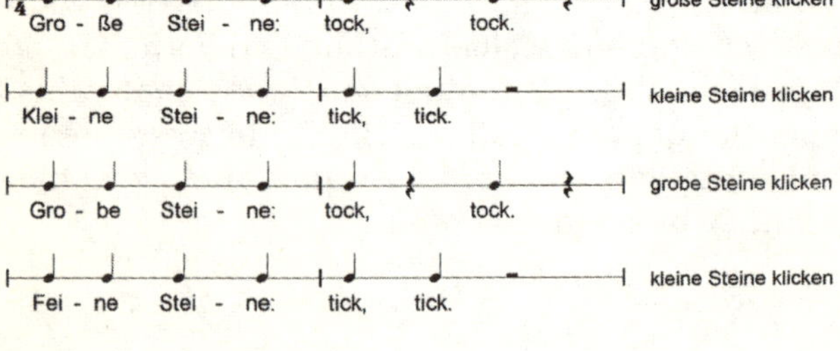

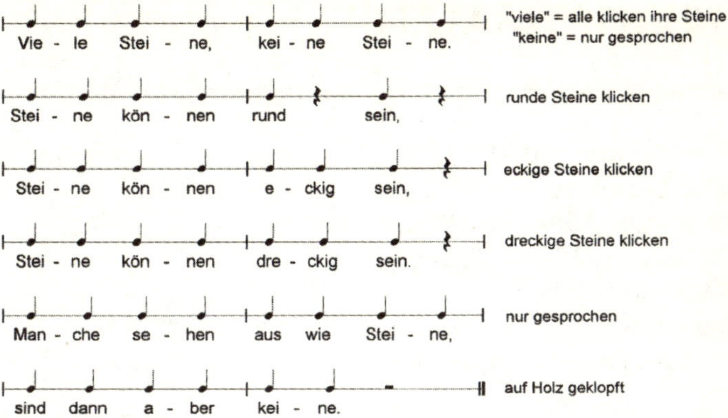

Variante

Die Unterschiede der Steine lassen sich auch in der Stimmgestaltung hörbar machen. Mit der Stimme spielen, sie laut, leise, „dreckig" klingen lassen. Wie klingt es, wenn ich rund und weich singe oder eckig und mir dabei einen Roboter vorstelle? Durch die entsprechende Mimik verstärkt sich der Gesamtausdruck. Daraus kann sich dann sogar ein kleines Theaterstück entwikkeln.

Kommentar

Der Sprechvers läßt sich in vielerlei Hinsicht variieren, Rhythmus- und „Stimmungs"-Muster können getrennt oder auch aufeinander abgestimmt ertönen. Der Text erhält durch unterschiedliche Betonung, Führung, Stärke, Lage und Ausdruck der Stimme sowie der mimischen Gestaltung seine Aussagekraft.

TIERE ERRATEN

Darstellungsspiel
Ort: Turnraum
Gruppengröße: 20–25 Kinder
Dauer: ca. 10–20 Minuten
Alter: 4–6 Jahre
Material: 6 bis 9 Tierpaarkarten (aus einem Tiermemory oder selbst hergestellt), Tuch

Beschreibung des Spiels

Die Kinder sitzen im Kreis, die Kärtchen mit den Tiermotiven (Tiere auf dem Bauernhof) liegen zunächst einzeln unter einem Tuch verdeckt. Ein Kind zieht eine Karte und schaut, welches Tier es nachmachen soll. Es geht in die Mitte und imitiert mit typischen Tierlauten und Bewegungen „sein" Tier und die anderen raten.

Beispiele:
Pferd: ühühühü; es trabt auf allen Vieren
Schwein: oink, oink; es schnüffelt herum
Hund: wau, wau; er bewacht den Hof
Katze: miau, miau; sie schleicht, lauert, spannt sich und springt
Hahn: Kikeriki; er scharrt mit den Füßen und reckt seinen Kopf
Kuh: muh, muh; sie liegt da und kaut
Maus: piep, piep; sie huscht ganz leise vorbei
Ziege: meck, meck; sie stolziert ganz zickig
Esel: i-ah, i-ah; er reißt dabei ganz weit das Maul auf und ist störrisch

Wer das gesuchte Tier errät, erhält die betreffende Karte und darf die nächste Karte ziehen. Wer hat zum Schluß die meisten Karten?

Variante

Die Spielleiterin heftet jedem Kind eine Tierkarte auf den Rücken. Niemand weiß, in welches Tier er verwandelt worden ist. Durch Umhergehen und Imitieren aller Tiergeräusche versuchen die Kinder herauszufinden, welches „ihr" Tier ist, dabei soll darauf geachtet werden, daß die „Gespräche" ohne Worte auskommen. Wer sein Tier erraten hat, was von den anderen Kindern mit Kopfnicken bestätigt wird, darf sein Kärtchen abnehmen und ist den anderen Kindern bei der Suche behilflich.

Kommentar

Im Nachahmen der Tiere werden die Kinder motiviert, mit ihrem ganzen Körper zu spielen. Haltung, Bewegung, Gestik und Mimik werden ständig verändert. Die Stimme mit all ihren Nuancen und Klangfarben belebt und unterstützt diese Spiele. Die Kinder lernen nonverbal miteinander zu kommunizieren.

BESUCH AUF DEM BAUERNHOF

Rollenspiel
Ort: Gruppenraum, Turnraum
Gruppengröße: Gesamtgruppe, gut geeignet für große Gruppen (Feste)
Dauer: ca. 10 Minuten
Alter: 4–6 Jahre
Material: ca. 12 Bildkärtchen in mehrfacher Ausfertigung

Beschreibung des Spiels
Die Tierkarten aus dem vorigen Spiel werden benötigt sowie vier zusätzliche Bildkarten für die Familie Müller (Vater, Mutter, zwei Kinder), zwei Karten für den Bauern und die Bäuerin und zwei Karten für den Misthaufen (puuhhh) und den Traktor (ratatata) Die Tierkarten sollten mindestens zweifach vorhanden sein.
Der Text für *Familie Müller*: „Was für ein Tag! Endlich sind wir hier!"
Bauer: „Willkommen, ihr Leut!"
Bäuerin: „Darf ich euch einladen zu Schinken und Brot?"
Bevor alle Spielkarten gemischt werden, weiß jedes Kind um die Bedeutung der einzelnen Bildmotive und deren Umsetzung in Geräusche und Texte (siehe Spiel „Tiere erraten"). Dann zieht sich jedes Kind eine Karte und übernimmt damit eine Rolle in der Geschichte, die von der Spielleiterin vorgelesen oder erzählt wird. Alle müssen ganz genau aufpassen, denn sobald der Rollenname genannt wird, werden die entsprechenden

Tiere oder Menschen mit ihren Tierlauten und Texten lebendig. Auch der Misthaufen und der Traktor warten auf ihr Stichwort, um sich bemerkbar zu machen.

Die Geschichte

Nach einer langen Autofahrt erreicht *Familie Müller* endlich ihr Ziel. Sie machen heute einen Besuch auf einem Bauernhof. Vor dem Hoftor werden sie von dem *Hund* mit lautem Gebell empfangen. Er verjagt die *Katzen*, die ihn immer wieder ärgern. Den *Katzen* ist der *Hund* egal, sie sind auf der Jagd nach all den *Mäusen*, die in der letzen Zeit besonders den *Kühen* zu schaffen machen. *Familie Müller* wird schon von dem *Bauern* und der *Bäuerin* erwartet. Bevor es mit dem *Traktor* aufs Feld geht, wo die Kühe gemolken und der entlaufene *Hahn* wieder eingefangen werden muß, möchte *Familie Müller* noch in den Stall. Dort sollen die *Schweine* gefüttert werden, doch vorher striegelt die *Bäuerin* den *Esel*. Da meckert doch gleich die *Ziege*. *Familie Müller* erkundigt sich beim *Bauern* nach den *Pferden*. Der *Bauer* führt sie am Misthaufen vorbei und zeigt auf eine Wiese, wo *Familie Müller* die *Pferde* sehen kann. Nun steigen alle auf den *Traktor*: der *Bauer*, die *Bäuerin*, *Familie Müller*, selbst die *Katzen* und der *Hund* lassen sich die Fahrt mit dem *Traktor* nicht entgehen. *Familie Müller* darf auf den *Pferden* zurückreiten. Zum Abschluß hat die *Bäuerin* noch ein schönes Essen zubereitet. Obwohl alle noch den Geruch des *Misthaufens* in der Nase haben, genießt *Familie Müller* den guten Schinken. Bevor Familie Müller heimfährt, wird sie noch einmal von allen Tieren verabschiedet, so hört man die *Mäuse*, die *Katzen*, den *Hund*, die *Pferde*, die *Ziege*, der *Hahn* kräht auf dem *Misthaufen*, der *Esel* krakeelt mit den *Schweinen* und die *Kühe* sind schon fast eingeschlafen. Der *Bauer* und die *Bäuerin* winken noch einmal und *Familie Müller* ist glücklich und zufrieden über den Besuch auf dem Bauernhof.

Kommentar
Zur Vorbereitung dieses Spiels empfiehlt sich das Spiel „Tiere erraten". Der „Besuch auf dem Bauernhof" eignet sich vorzüglich als Spiel für eine große Runde, z.B. für einen Spielenachmittag, zu dem auch die Eltern eingeladen sind. Gerade zu Beginn einer Veranstaltung hilft dies Spiel, Anlaufschwierigkeiten zu überwinden und eine fröhliche Stimmung aufzubauen.

DAS TANZENDE ESELCHEN

Bewegungsspiel
Ort: Turnraum
Gruppengröße: 16–20 Kinder
Dauer: ca. 15–20 Minuten
Alter: 4–6 Jahre
Material: keines

Beschreibung des Spiels
Die Gruppe singt zunächst gemeinsam den Kanon: „Ein kleines graues Eselchen, das wandert durch die Welt". Das Lied soll nun mit Bewegungen dargestellt werden, die die Textaussage verstärken. Für jede Liedzeile wird eine andere Bewegung gefunden. Liegt die Bewegungsabfolge fest, wird das Lied zunächst einstimmig gesungen, um die Bewegungen zu üben, und dann erst zweistimmig. Die Gruppe ist dabei geteilt und steht im Raum nicht zu dicht beieinander. Vielleicht gelingt später ja auch eine Aufteilung in drei Gruppen.

Bewegungsvorschlag
Aufstellung jeder Kleingruppe: hinter- oder nebeneinander
1. Ein kleines graues Eselchen, das wandert durch die Welt. (Die Kinder bilden mit ihren Händen Eselsohren und gehen mit 8 Schritten in eine Richtung)
2. Es wackelt mit dem Hinterteil, so wie es ihm gefällt. (Die Kinder bleiben stehen und wackeln mit ihrem „Hinterteil" hin und her.)
3. I – aah, I – aah, I – ah, I – ah, I – ah.
(Die Hände immer noch an den Ohren, nicken die Kinder abwechselnd nach links und rechts gewandt)
Die Eselgruppen bewegen sich so im Raum, daß sie sich nicht ins „Gehege" kommen.

Variante
Ist der Kanontanz noch zu schwierig, stellen sich die Kinder hintereinander in den Kreis und singen und tanzen wie oben beschrieben. In der zweiten Liedzeile wenden sie sich zur Mitte und wackeln mit dem Hinterteil.

Kommentar

Nicht nur dieses Lied läßt sich als Kanon tanzen. Bekannt sind sicher auch „Meister Jakob", „Heut ist ein Fest bei den Fröschen am See" oder „Wachet auf, es krähet der Hahn". Diese Lieder bieten ebenfalls vielfältige Bewegungsvarianten.

Im gemeinsamen Ausprobieren von Tanz- oder Bewegungsformen lernen die Kinder zu gestalten. In der Kleingruppe machen sie die Erfahrung, daß das Gelingen des Kanontanzes abhängig ist von der Kooperation untereinander. Bei seiner „Stimme" (Gruppe) bleiben und sie auch durchhalten, das verlangt Konzentration und die Bereitschaft zum Miteinander.

WO BIST DU?

Wahrnehmungsspiel
Ort: Turnraum, draußen, wo viel Platz ist
Gruppengröße: 16–20 Kinder
Dauer: ca. 10 Minuten
Alter: 5–6 Jahre
Material: 8 Tücher (je nach Teilnehmerzahl) zum Verbinden der Augen

Beschreibung des Spiels
Die Kinder finden sich zu Paaren zusammen. Jeweils eine/r von beiden stellt sich auf die eine Seite des Raumes, das andere Kind geht zur gegenüberliegenden Seite. Die beiden hören nochmals kurz auf die Stimme der jeweils anderen Person, dann verbindet sich die eine Gruppe (freiwillig) die Augen. Über bestimmte „Lockrufe" (keine Namen) oder Gehanweisungen lotsen die sehenden Kinder ihre PartnerInnen zu sich. Wichtig ist, daß die PartnerInnen sich nicht genau gegenüberstehen, sondern nachdem ihre Gegenüber die Augen geschlossen oder verbunden haben, sich einen anderen Standort in ihrer Reihe suchen.

Variante
Bei den älteren Kindern kann das Spiel erschwert werden, indem noch einige Hindernisse (Pappschachteln, Kissen, Stühle) aufgestellt werden. Über Zurufe und

Hinweise ihrer PartnerInnen werden die „blinden" Kinder um die Hindernisse gelenkt.

Kommentar

Einige Kinder haben große Schwierigkeiten, sich im Stimmenwirrwarr auf eine Stimme zu konzentrieren und reagieren dann vielleicht ängstlich oder möchten nicht mehr mitspielen, weil sie jegliche Orientierung verloren haben. Hier sollte die Spielleiterin sehr behutsam reagieren. Um die Kinder nicht zu überfordern, kann das Spiel vereinfacht werden, indem immer nur ein Paar agiert, d.h. das „blinde" Kind hört immer nur die eine Stimme. Besser ist dann auch eine kleinere Gruppe.

WELCHES INSTRUMENT SPIELE ICH?

Darstellungs- und Phantasiespiel
Ort: Gruppenraum
Gruppengröße: 20–25 Kinder
Dauer: ca. 20 Minuten, je nach Beteiligung
Alter: 5–6 Jahre
Material: ein großer Sack oder eine Tasche

Beschreibung des Spiels

Die Gruppe sitzt im Kreis. Ein großer Sack oder eine Tasche wird im Kreis weitergegeben. Nacheinander holt sich jedes Kind ein erdachtes Instrument „aus dem Sack“. Mit der Frage „Welches Instrument spiele ich?“ beginnt jedes Kind seine Darstellung. Mit Hilfe von Gesten, Tönen und Geräuschen versucht es deutlich zu machen, um welches Instrument es sich handelt. Wer das Instrument errät, darf als nächster sein Instrument vorstellen.

Variante

Ein Kind stellt sich als DirigentIn in die Mitte des Kreises. Der Dirigentenstab zeigt auf die Kinder, deren „Instrumente“ nun erklingen sollen. Es können auch mehrere „Instrumente“ gemeinsam klingen, so daß interessante Klangschichtungen entstehen.

Kommentar

Bei diesen Spielen wird die Phantasie, die Erfindungsgabe und Spontaneität der Kinder angesprochen. Es gehört jedoch auch Mut dazu, wenn sich ein Kind der Gruppe präsentiert. Die Gruppe kann das Kind motivieren und unterstützen, sie besitzt aber auch die Macht, es lächerlich zu machen oder auszugrenzen. Hier sollte die Spielleiterin besonders wachsam sein, durch Ermutigungen und Anregungen oder eine Veränderung der Spielregeln die Spielsituation entspannen.

SPIELE MIT MUSIK UND BEWEGUNG

FADENTANZ

Tanzspiel
Ort: Turnraum
Gruppengröße: 16–20 Kinder
Dauer: 10–15 Minuten
Alter: 5–6 Jahre
Material: verschieden farbige Baumwollfäden oder dünne Seile (ca.1–1,5 m), ruhige Musik

Beschreibung des Spiels
Jedes Kind erhält einen Faden. Zur Musik bewegt es sich mit seinem Faden und läßt ihn tanzen. Bei Musikstop beenden die Kinder den Tanz und legen mit ihren Fäden Figuren, die dann von allen Kindern angeschaut werden. Mit dem Einsetzen der Musik kehren alle Kin-

der zu ihrem Faden zurück und der Tanz beginnt von neuem.
Zum Abschluß des Spiels ist es schön, wenn alle Fäden zu einem gemeinsamen Bild zusammengelegt werden.

Variante
Die Kinder bilden Paare. Jedes Paar erhält einen Faden und faßt an den Enden an. Ein Kind schließt nun die Augen und wird von dem anderen Kind mit dem Faden geführt. Dabei muß der Faden immer gespannt bleiben. Ruhige Begleitmusik inspiriert zu langsamen und fließenden Bewegungen. Bei Musikstop erfolgt ein Rollenwechsel.

Kommentar
Jede Bewegung braucht Raum. Im gleichzeitigen Agieren lernen die Kinder, sich Raum zu nehmen, aber auch den Spielraum der anderen Kinder zu respektieren. In der Ruhephase kehren sie an ihren Standort zurück, was ihnen ein Gefühl für Ordnung vermittelt. Die anschließende Gestaltung mit dem Faden läßt die Kinder ein wenig in sich hineinhorchen und sich sammeln. Diese Spiele wirken sehr entspannend.

DIE KLINGENDE MARIONETTE

Bewegungsspiel
Ort: Turnraum
Gruppengröße: 10–16 Kinder
Dauer: 15–25 Minuten
Alter: 5–6 Jahre
Material: vier Instrumentengruppen mit unterschiedlicher Klangqualität

Beschreibung des Spiels
Wie bewegt sich eine Marionette? Sie wird von fremder Hand mittels verschiedener Fäden geführt. So auch bei diesem Spiel. Drei oder vier Kinder sollen sich so bewegen, als wären sie Marionetten. Sie werden dabei von verschiedenen Instrumenten gelenkt. Der Klang eines jeden Instrumentes bedeutet eine bestimmte Bewegung für die Marionette.

Beispiele:
Klanghölzer: Die Beine und Füße bewegen sich, beginnen zu gehen.
Xylophon: Die Arme bewegen sich auf und nieder, je nach auf- oder abwärtssteigenden Tönen.
Cymbel: Die Finger bewegen sich.
Bongo oder Tamburin: Der Kopf hebt oder senkt sich.

Die Instrumentalisten müssen selbstverständlich gut aufeinander achtgeben, damit sie nicht mehrere Signale zugleich geben. Nach einiger Zeit wechseln die Kinder ihre Rollen.

Variante
Eine Marionette in der Mitte gibt mit ihren Bewegungen an, welche Instrumente an der Reihe sind. Durch ruckartige oder vorsichtige Bewegungen bestimmt sie auch die Art der Klänge, die sehr rhythmisch, kurz oder leise sein können.

Kommentar
Bei diesen Spielen müssen sich alle MitspielerInnen sehr genau beobachten und aufeinander konzentrieren. Sowohl von der Marionette als auch von den Instrumentalisten werden schnelle Reaktionen erwartet. Dies wird mit der Zeit immer besser gelingen. Wichtig ist, daß die Kinder beide Rollen erleben.

ROBOTER UND BLUMENFEE

Bewegungsspiel
Ort: Turnraum oder draußen
Gruppengröße: 16 Kinder
Dauer: 10–15 Minuten
Alter: 5–6 Jahre
Material: verschiedene Instrumente von unterschiedlicher Klangqualität, farbige Chiffontücher

Beschreibung des Spiels

Die Gesamtgruppe teilt sich in drei etwa gleichgroße Untergruppen: Roboter, Blumenfee und Instrumente. Eine kleine improvisierte Geschichte stimmt die Kinder auf ihre Rollen ein. Der Roboter und die Blumenfee werden nun lebendig. Die Instrumentalgruppe, die in zwei Klanggruppen aufgeteilt ist, gibt durch ihr Spiel an, welche der beiden Figuren agieren sollen. Der Roboter bewegt sich eckig und ruckartig, während die Blumenfee eher zu schweben scheint und sich durch weiche, fließende Bewegungen vom Roboter abhebt.
Die Roboter werden von kurzen, prägnanten Klängen begleitet (z.B. Trommeln, Klanghölzer, Rasseln, Ratschen, Rührtrommeln usw.), während die Blumenfeen zu den hellen und weichen Klängen (Schellen, Glokkenspiel, Triangel, Flöte usw.) tanzen und die Tücher in ihr Spiel einbeziehen.
Nach einiger Zeit erfolgen Rollenwechsel.

Variante

Roboter und Blumenfeen schließen ihre Augen und reagieren „blind" auf ihren Einsatz und versuchen sich auch mit geschlossenen Augen weiter zu bewegen. Verstummen die Instrumente, bleiben sie „versteinert" stehen.

Kommentar

Die Kinder erfahren den Wechsel von körperlicher An- und Entspannung. Die Klänge der Instrumente und deren Spielweise unterstützen den jeweiligen Rollencharakter und vereinfachen damit die Umsetzung in Bewegungen.
Zu beachten bei den Instrumentalisten: Die beiden Gruppen müssen sich untereinander einig sein, wer wann „dran" ist. Hier kann der Einsatz eines Dirigenten hilfreich sein.

LUFTBALLONTANZ

Bewegungsspiel
Ort: Turnraum
Gruppengröße: 15 Kinder
Dauer: ca. 15–20 Minuten
Alter: 5–6 Jahre
Material: rote, gelbe und blaue Luftballons, Xylophon, Glockenspiel und Triangel oder Klangbausteine in verschiedenen Tonlagen

Beschreibung des Spiels
Drei Kinder aus der Gruppe bilden das Orchester und spielen auf den oben genannten Instrumenten. Die Klangfarben der Instrumente werden den Farben der Luftballons zugeordnet: das Xylophon mit seinen dunklen Tönen für die blauen Luftballons, das Glockenspiel mit helleren Klängen für die roten Luftballons und die Triangel für die gelben Luftballons.
Die anderen Kinder (drei gleichgroße Gruppen) tanzen mit den Luftballons durch den Raum. Beginnt nun das Xylophon zu spielen, bewegen sich nur die Kinder mit den blauen Luftballons weiter, die übrigen Kinder bleiben stehen und schauen zu. Ist das Spiel auf dem Xylophon beendet, tanzen alle Kinder weiter, bis das nächste Instrument einsetzt und die Farbe bestimmt, die weitertanzen darf.

Variante

Jedes Anschlagen eines Tones oder Klanges auf dem Instrument bedeutet eine Berührung des Luftballons (durch Antippen der Finger oder Hand). Es entsteht ein gemeinsamer Rhythmus. Dieses Spiel kann natürlich auch umgekehrt werden, so daß die Luftballons den „Ton“ angeben. Erschwert wird das Spiel, wenn das „Orchester“ hinter einem Vorhang sitzt.

Kommentar

Die Kinder lernen hörend zu differenzieren, bewußt zwischen tiefen, mittleren und hohen Tönen zu unterscheiden und entsprechend zu reagieren. Sie erleben die Dynamik von Bewegung und Ruhe und Klang und Stille und setzen sie in Beziehung zueinander. Mit jüngeren Kindern ist es einfacher, nur mit der dunkelsten und hellsten Klangfarbe zu spielen.

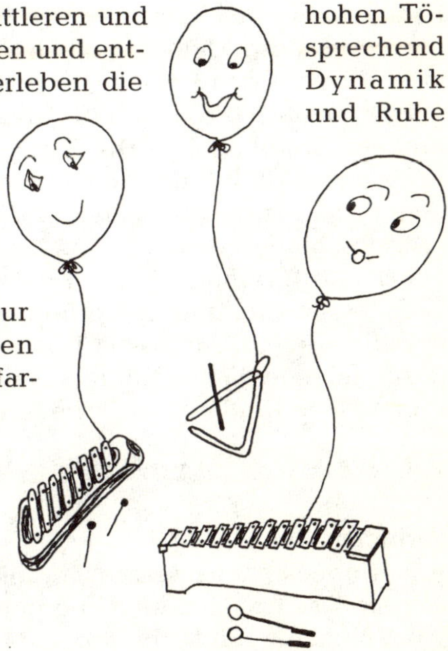

DIE TROMMEL GEHT HERUM

Kreisspiel
Ort: Turnraum oder draußen
Gruppengröße: 20 Kinder
Dauer: 15–20 Minuten
Alter: 3–6 Jahre
Material: eine Trommel

Beschreibung des Spiels

Dieses Spiel ist eine Variante zum bekannten Kreisspiellied: „Dreht euch nicht um, der Plumpsack geht herum." Auf diese Melodie läßt sich folgender Text singen: *„Dreht euch nicht um, denn die Trommel geht herum, schließt die Augen und gebt acht, wo die Trommel halt dann macht."* Die Kinder setzen sich in den Kreis und schließen die Augen. Ein Kind umgeht trommelnd den Kreis und bleibt, wie es der Liedtext beschreibt, hinter einem Kind stehen und wartet mucksmäuschenstill. Fühlt dieses Kind sich angesprochen, dreht es sich um und überprüft seine Vermutung. Hat es richtig gehört, darf es die Trommel übernehmen und das Spiel geht weiter. Stimmt es nicht, probiert es das trommelnde Kind mit einer weiteren Runde.

Variante

Alle Kinder stehen im Raum verteilt und schließen ihre Augen. Das trommelnde Kind geht in verschiedenen Wegen um die Kinder herum und bleibt mit dem Ende des Liedes hinter einem Kind stehen. Dieses Kind übernimmt die Trommel und setzt das Spiel weiter fort. Das erste Kind folgt dem Trommler. So entsteht eine immer längere Schlange, deren Führung ständig wechselt.

Kommentar

Bei diesem Spiel ist es interessant zu beobachten, wie die einzelnen Kinder ihr Spiel auf der Trommel mit den Gehschritten zu koordinieren versuchen. Einigen Kindern gelingt dies gleich auf Anhieb, während andere damit große Schwierigkeiten haben. Nach welchen Kriterien entscheiden sich die Kinder bei dem Wechsel; wird die Wahl personen-, spiel oder eher sozialbezogen getroffen?

DIE SCHNELLE KAPP'

Bewegungs-/Wettspiel
Ort: Gruppenraum, Turnraum
Gruppengröße: 20–25 Kinder
Dauer: ca. 10–15 Minuten
Alter: 4–6 Jahre
Material: Stühle, Musik, Kappe

Beschreibung des Spiels

Die Kinder stellen die Stühle in Form eines Zuges hintereinander auf, aber so, daß sich ein geschlossener Kreis ergibt. Alle Kinder setzen sich in den „Zug", der/die „LokführerIn" hat eine Kappe auf. Mit dem Beginn der Musik setzt der/die „LokführerIn" die Kappe dem Vordermann auf den Kopf, dieser muß sie seinerseits möglichst im Rhythmus der Musik weitergeben usw.

Bei Musikstop scheidet der/ die momentane Kappenträgerln aus und verläßt mit dem Stuhl den Zug. Das nächste Kind wird „Lokführerln“ und das Spiel geht weiter, bis zum Schluß nur noch ein Kind im „Zug“ sitzt. Das ist Sieger.

Kommentar

Dieses Spiel eignet sich gut für kleine Feste, Geburtstagsfeiern, Elternnachmittage. Da es bei diesem Wettspiel um schnelle Reaktion und Geschicklichkeit geht, ist darauf zu achten, daß die jüngeren Kinder nicht zu sehr benachteiligt werden. Sie gehen noch sehr unterschiedlich mit der Verliererrolle um. Einige stören frustriert den weiteren Spielverlauf oder weigern sich, aus dem Spiel auszuscheiden.Vielleicht lassen sich diese Kinder mit anderen Aufgaben (Musik bedienen, Bestimmen des „Lokführes“) wieder ins Spielgeschehen integrieren.

DIE TROMMEL SPRICHT

Bewegungsspiel
Ort: Gruppenraum, Turnraum
Gruppengröße: 16–20 Kinder
Dauer: ca. 20 Minuten
Alter: 4–6 Jahre
Material: Trommel, verschiedene Instrumente, je nach Anzahl der Kinder, Stühle

Beschreibung des Spiels
Die Kinder bilden einen Stuhlkreis, der nicht zu dicht gestellt ist (ein Stuhl weniger als MitspielerInnen). Auf jedem Stuhl liegt ein Instrument.
Die Kinder verwandeln sich in Indianer, die sich um das Lagerfeuer versammeln. Der Häuptling hat alle Schwestern und Brüder zusammengetrommelt, ihm ist zu Ohren gekommen, daß sich die Indianer in der Wahl des neuen Kundschafters nicht einigen können. Das folgende Spiel soll die besonderen Fähigkeiten der BewerberInnen testen, der/die SiegerIn wird zum/r KundschafterIn ernannt.
Während der Häuptling die Trommel spielt, tanzen die Indianer um das Lagerfeuer. Verstummt die Trommel, sucht sich jeder Indianer einen Stuhl und spielt auf dem Instrument. Setzt nun die Trommel wieder ein, wird das Instrument zurückgelegt und der Tanz beginnt aufs neue.
In jeder Spielrunde wird ein Stuhl entfernt. Das Instrument erhält der Indianer, der keinen Platz mehr erwischt hat. Er begleitet nun die Trommel, steht dem Häupt-

ling zur Seite. Der Indianer auf dem letzten Stuhl wird zum Kundschafter ernannt.

Variante

Sitzkreis wie oben. Im folgenden Spiel darf jedoch der Indianer, der keinen Platz findet, die Rolle des Häuptlings übernehmen und die Trommel spielen. Es werden keine weiteren Stühle weggestellt.

Kommentar

Im Wechsel von Bewegung und Instrumentalspiel erleben die Kinder Musik als ordnendes Medium. Beginn und Ende des Spiels wird über die Trommel signalisiert. Die Kinder entdecken durch den Instrumentenwechsel immer wieder neue Klangbilder und rhythmische Muster. Es gibt auch kein echtes Ausscheiden bei dem Spiel, durch die Begleitung des Häuptlings bleiben sie im Spielgeschehen und sind weiter wichtig.

SCHUHTANZ

Bewegungsspiel
Ort: Turnraum oder draußen
Gruppengröße: 10–30 Kinder
Dauer: ca. 10–15 Minuten, je nach Gruppengröße
Alter: 5–6 Jahre
Material: Schuhe

Beschreibung des Spiels

Ist das Lied „gut im Ohr“ und wird kräftig mitgesungen (eventuell den Liedtext rhythmisch sprechen), knien sich alle Kinder in einen großen Kreis auf den Boden, ziehen einen Schuh aus und halten ihn in der Hand. Auf der Stelle klopfen sie mit ihrem Schuh den Puls des Liedes (immer auf die 1) auf den Boden und singen dabei. Es wird einige Zeit dauern, bis das Klopfen ganz synchron ist. Erst dann kann der Schuhtanz beginnen. Mit jedem Klopfen wird der Schuh mit der rechten Hand nach rechts weitergegeben. Auch hier brauchen die Kinder genügend Zeit, um Klopfen und Bewegung zu koordinieren. Klappt diese „Figur", geht es weiter. „Werd' ich eben", hier deuten die Kinder mit dem Schuh, den sie gerade in der Hand haben auf sich, um ihn dann beim „klitsch" und „klatsch" jeweils rechts und links auf ihre Oberschenkel zu patschen. Das „pitschnaß" mit der Betonung auf „naß" wird mit dem Schuh kräftig auf den Boden geklopft. Das Lied beginnt von vorne.

Variante

Etwas schwieriger, aber auch lustiger ist es, beim „klitsch und klatsch" den eigenen Schuh mit dem Schuh des Nachbarn zusammenklatschen zu lassen. Hier muß vorher geklärt werden, wer sich wem zuwendet. (durch Abzählen von 1 und 2 möglich; die 1 drehen sich zunächst nach rechts und dann nach links, die 2 zuerst nach links und dann nach rechts)

Kommentar

Dieses Spiel macht gerade in großen Gruppen sehr viel Spaß. Man mag dann gar nicht mehr aufhören. Wichtig ist es, den Puls des Liedes zu hören. Je sicherer die Spielleiterin in der rhythmischen Begleitung, um so besser wird der Schuhtanz gelingen.

SITZBOOGIE

Bewegungsspiel
Ort: Gruppenraum
Gruppengröße: 10–30 Kinder
Dauer: ca. 10 Minuten
Alter: 5–6 Jahre
Material: Musik (Boogie-Woogie)

Beschreibung des Spiels

Alle sitzen im Stuhlkreis (nicht zu eng). Die Spielleiterin gibt folgende Bewegungen vor (8 Takte Schema)

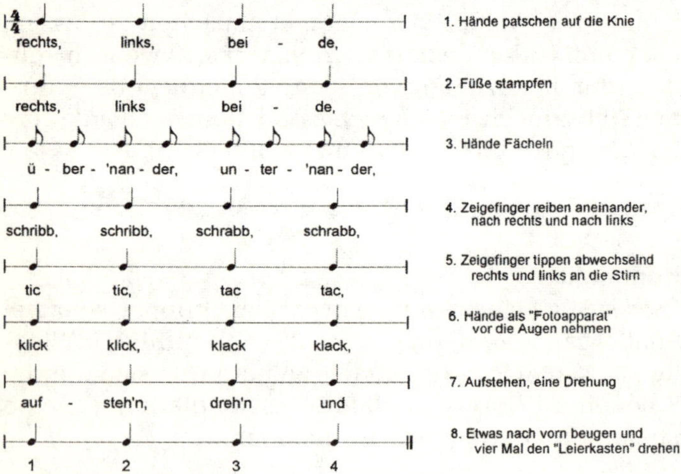

und dann gleich wieder hinsetzen, denn es geht mit dem Hände patschen … sofort weiter.

Variante
Sind die Kinder ganz sicher in ihren Bewegungen, kann der Sitztanz auch mit einem Boogie von der Cassette begleitet werden (immer auf der 1 beginnend einsetzen).

Kommentar
Die Spielleiterin baut die Bewegungen langsam auf und wiederholt die Takte. Vielleicht sind am Anfang auch schon vier verschiedene Bewegungen ausreichend, und es kommen später die anderen Bewegungen hinzu. Der Sitzboogie bietet sich wunderbar als gemeinsame Aktion für den Elternnachmittag an. Besonders reizvoll ist es, wenn er im Tempo immer mehr gesteigert wird.

INTERAKTION UND KOMMUNIKATION

ANZÜNDEN

Musikalische Gespräche
Ort: Gruppenraum, Turnraum
Gruppengröße: 10–12 Kinder
Dauer: ca. 15–20 Minuten
Alter: 4–6 Jahre
Material: mindestens 12 Instrumente, die möglichst unterschiedlich sind (Fell-, Metall-, Holzinstrumente, Stabspiele)

Beschreibung des Spiels
In der Mitte des Stuhlkreises liegt eine Auswahl verschiedener Instrumente bzw. Klangerzeuger. Die Kinder haben zunächst die Gelegenheit, die Instrumente auszuprobieren, mit den Klängen und Geräuschen zu experimentieren. Danach wählt sich jedes Kind ein Instrument aus und nimmt es mit an seinen Platz. Im folgenden Spiel „erzählen" die Kinder auf ihren Instrumenten, wie sie am Morgen aufgewacht sind. Sind sie zärtlich geweckt worden oder ging es eher hektisch zu, hätten sie gern länger geschlafen oder waren sie froh, nach einem bösen Traum endlich aufzuwachen? Die Spielleiterin beginnt auf ihrem Instrument zu „erzählen" und ohne Kommentar „zündet" sie nach ihrem Spiel das nächste Kind „an". Dabei berührt sie es mit ihrem Instrument vorsichtig. Das Signal des „Anzündens" wird von Kind zu Kind weitergegeben.

Variante

In die Mitte des Kreises wird ein weiches Bett aus Dekken gebaut. Ein Kind darf sich auf dieses Bett legen und sich wünschen, wie es gerne geweckt werden möchte. Es bestimmt die Instrumente und deren Spielweise.

Kommentar

Das „Erzählen" auf einem Instrument ist eine ganz wichtige Erfahrung. Neben dem Spaß erleben die Kinder, daß sie mit Klängen und Geräuschen etwas ausdrücken können, was über die Sprache oft nicht zu vermitteln ist. Als Zuhörer entwickeln sie ein feines Ohr für musikalische „Aussagen". Durch das Signal des „Anzündens" ist Beginn und Ende der eigenen Geschichte deutlich.

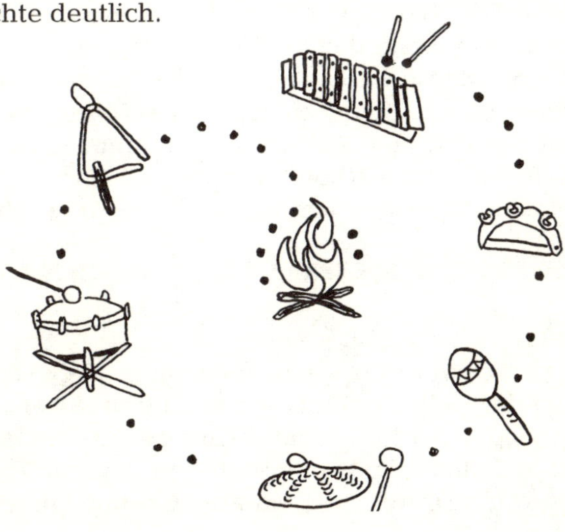

FÜHREN UND FOLGEN

Vertrauensspiel
Ort: Gruppenraum, Turnraum oder draußen
Gruppengröße: 12–14 Kinder
Dauer: ca.10–15 Minuten
Alter: 5–6 Jahre
Material: Augenbinden, verschiedene Instrumente

Beschreibung des Spiels
Die Kinder bilden Paare, wobei jeweils ein Kind führt und das andere folgt. Die Paare verteilen sich im Raum. Das folgende Kind verbindet (freiwillig) seine Augen oder schließt sie nur einfach. Das führende Kind wählt eines der Instrumente aus und stellt es seinem/r PartnerIn vor. Die „blinden" Kinder reagieren auf die Klänge, indem sie ihnen dicht folgen und sich nicht durch die Klänge und Geräusche der anderen Instrumente verunsichern lassen. Behutsam und sicher führen die Kinder mit den Instrumenten durch den Raum, immer bemüht, ihre/n PartnerIn vor Zusammenstößen zu bewahren. Nach einiger Zeit werden die Rollen gewechselt.

Variante
Es werden Dreiergruppen gebildet, die sich jeweils hintereinander stellen und an den Schultern fassen. Jede Dreiergruppe wird von einem Kind und dessen Instrument durch den Raum gelenkt. Jede/r darf mal Erste/r, Zweite/r und Dritte/r sein oder die Gruppe lenken.

Kommentar
Von den Führenden verlangt dieses Spiel, daß sie verantwortlich mit ihrer Rolle umgehen und keine gefährlichen Wege riskieren. Das „blinde" Kind ist konzentriert auf die sich verändernden Klangrichtungen und muß sich so ständig neu orientieren. Das setzt voraus, daß es dem führenden Kind vertraut und keine Angst haben muß.

WENN TROMMELN SICH BESUCHEN

Musikalisches Gespräch
Ort: Turnraum, draußen
Gruppengröße: 14–16 Kinder
Dauer: 15–20 Minuten
Alter: 5–6 Jahre
Material: verschiedene, tragbare Instrumente, Reifen oder Seile

Beschreibung des Spiels
Die Kinder wählen sich ein Instrument aus und suchen sich einen Platz, wo sie mit Reifen oder Seilen ihr „Haus" bauen und dort einziehen. Die Spielleiterin stimmt mit einer kleinen Geschichte auf das Spiel ein, z.B. hat sie gerade eine sensationelle Neuigkeit erfahren, die sie unbedingt einer Freundin erzählen muß. Die Spielleiterin besucht mit ihrem Instrument ein Kind und „berichtet" musikalisch von diesem Ereignis. Sie spielt ein kurzes rhythmisches oder melodisches Motiv vor, das das Kind in ähnlicher Form wiedergeben soll. „Das ist wirklich sensationell", denkt dieses Kind, „das muß ich unbedingt dem/der ... erzählen". So macht es sich ebenfalls mit seinem Instrument auf und besucht das nächste Kind, während die Spielleiterin in das frei gewordene Haus zieht. So geht dieses Spiel weiter, bis alle Kinder ihre Häuser gewechselt und die Neuigkeit weiter „erzählt" haben. Das Besondere zwischendurch: jeweils während der Besuchsgänge von einem zum

anderen Haus spielt die ganze Gruppe frei auf ihren Instrumenten.

Variante

Alle Kinder wählen ihr Instrument und gehen, laufen, tanzen frei damit herum. In der Mitte des Raumes liegt ein Reifen am Boden. Sobald sich nun ein Kind mit seinem Instrument in den Reifen stellt, bleiben alle anderen Kinder ebenfalls stehen, werden still und hören dem spielenden Kind in der Mitte zu, bis es den Reifen wieder verläßt. Das ist gleichzeitig das Signal für alle, weiterzutanzen und auf den Instrumenten zu spielen, bis der/die nächste SolistIn in den Reifen hüpft.

Kommentar

Bei diesen Spielen gibt es ständige Wechsel zwischen Aktion und Reaktion. Das Spiel der Solisten wird von dem Spiel der ganzen Gruppe abgelöst und bleibt dadurch für alle Kinder spannend. Zu beachten ist, daß die Spielleiterin beim ersten Spiel zu Beginn ein einfaches musikalisches Motiv vorgibt, um die Kinder im weiteren Spielverlauf nicht zu überfordern.

MEIN RECHTER, RECHTER PLATZ IST FREI

Kreisspiel mit Instrumenten
Ort: Gruppenraum
Gruppengröße: 16–20 Kinder
Dauer: 10–15 Minuten
Alter: 3–6 Jahre
Material: möglichst vielfältiges Instrumentarium, entsprechend der Anzahl der Kinder

Beschreibung des Spiels

Die Kinder wählen sich von den Instrumenten eines aus und setzen sich in den Stuhlkreis. Ein Stuhl bleibt frei. Das Kind links neben diesem freien Platz ruft: „Mein rechter, rechter Platz ist frei, ich wünsche mir... (z.B.) die Trommel herbei." Das angesprochene Kind begibt sich trommelnd auf den freien Platz. Nun ist an anderer Stelle ein Stuhl frei geworden, dort wird ein anderes Instrument gewünscht usw. Gibt es mehrere Trommeln oder Triangeln, wird der Name des Kindes hinzugefügt.

Variante

Die Kinder setzen sich mit dem Gesicht nach außen in den Stuhlkreis, so daß sie einander nicht sehen können. Es gibt jeweils zwei gleiche Instrumente, die an die Kinder verteilt werden (möglichst nicht nebeneinander!). Wieder bleibt ein Stuhl frei. Das Kind links neben dem freien Platz beginnt auf seinem Instrument zu spielen. Wortlos reagiert das andere Kind mit dem gleichen Instrument und setzt sich spielend neben das „rufende" Kind. Die beiden spielen noch eine Weile zusammen, bis sich das nächste Kind meldet und nach seinem Zwillingsinstrument „ruft".

Kommentar

Dieses Spiel ermöglicht auf recht lustige Weise, die Namen der Instrumente kennenzulernen. In der Variante erfolgt die Zuordnung über den Klang der Instrumente. Beginn und Ende des Zusammenspiels werden durch die Spielregel festgelegt.

WO IST DER SCHATZ? = TOPFSCHLAGEN

Kooperationsspiel
Ort: Turnraum
Gruppengröße: 10–12 Kinder
Dauer: ca.20–25 Minuten
Alter: 4–6 Jahre
Material: möglichst vielfältiges Instrumentarium, ein „Schatz" (Kästchen mit besonderem Inhalt), Augenbinde

Beschreibung des Spiels

Ein Kind meldet sich als Schatzsucher und läßt sich (freiwillig) die Augen verbinden. Es wird von einem anderen Kind vor die Tür begleitet. In der Zwischenzeit versteckt die übrige Gruppe einen Schatz im Raum. Die Kinder verteilen sich mit ihren Instrumenten im Raum und rufen den Schatzsucher herein. Ausschließlich durch Klänge soll der „blinde" Schatzsucher zu seinem Schatz geführt werden. Das geschieht, indem die Kinder lauter oder leiser auf ihrem Instrument spielen. Je näher der Schatzsucher seinem Ziel, um so lauter spielen die Kinder, je mehr er sich entfernt, um so leiser spielen sie.

Variante

Beginn des Spiels wie oben. Der Schatzsucher wird hereingerufen und zum Schatz „geführt", indem er von einem Instrument empfangen wird. Er geht auf den

Klang zu, bis das Instrument verstummt. Jetzt setzt das nächste Instrument ein, der Schatzsucher folgt wieder dem Klang usw. Hat er das Ende dieses Klanglabyrinths erreicht, spielen alle Instrumente gemeinsam, der Schatz ist gefunden.

Kommentar

Erfahrungsgemäß ist es für die ersten Schatzsucher am schwierigsten. Die Instrumentalisten müssen sich in der Dynamik von laut und leise aufeinander abstimmen, um klare Signale für eine bestimmte Richtung zu geben. Häufig beginnen die Kinder zu laut, so daß sie keine Steigerungsmöglichkeit mehr haben; in diesem Fall sollte die Spielleiterin durch Handzeichen das An- und Abschwellen der Musik andeuten. Wichtig ist es auch, die Schatzsucher nach jeder Runde nach ihren Erfahrungen zu fragen, denn diese können sehr verschieden sein; und aus solchen ausgesprochenen Erfahrungen können die anderen Kinder lernen.

DIE KLANGTAPETE

Musikmalen
Ort: Turnraum
Gruppengröße: 8–10 Kinder
Dauer: ca. 30–40 Minuten
Alter: 4–6 Jahre
Material: Tapetenrolle, Farben, ruhige, meditative Musik (z.B. „Aquarium", aus Camille Saint-Saens: Carneval der Tiere), Text einer Phantasiereise (z.B. „Unter Wasser schwimmen", aus: Else Müller: Du spürst unter deinen Füßen das Gras, Fischer TB, Frankfurt 1983), Kissen oder Decken

Beschreibung des Spiels
In der Mitte des Raumes liegt ein langes Stück Tapete auf dem Boden ausgerollt und befestigt. Die Farben (Wasserfarben oder dicke Wachsmalkreiden) stehen neben der Tapete. Die Spielleiterin stimmt die Kinder mit einer Phantasiereise oder einem Bilderbuch auf das „Leben unter Wasser" ein. Die Kinder liegen dabei entspannt auf einem Kissen oder in einer Decke eingekuschelt.
Mit dem Einsetzen der Musik verwandeln sie sich in verschiedene Wesen, die sich unter dem Wasser bewegen. Sie stehen auf und tanzen wie in „Zeitlupe" durch den Raum. Wird die Musik leiser, versammeln sie sich um die Tapete und malen ihre Wasserträume, das können verschiedene Fische, Wasserpflanzen, Muscheln, aber auch Meerjungfrauen und geheimnisvolle Wesen

sein. Die Kinder sollten sich so verteilen, daß sie genügend Platz haben.
Anschließend schauen sich die Kinder das „Unterwasserbild" noch einmal gemeinsam an.

Variante

Das entstandene Bild wird zum Klangbild, d.h. jedes Kind sucht sich zu seinem Motiv ein passendes Instrument und probiert aus, wie es sich klanglich darstellen läßt. Die Tapete wird an die Wand geheftet, die Kinder sitzen mit ihren Instrumenten davor. Ein „Dirgent" zeigt mit einem Stab auf verschiedene Motive, die mit der entsprechenden Musik lebendig werden.

Kommentar

Dieses Spiel sollte möglichst ohne Zeitdruck und in einer ruhigen Atmosphäre durchgeführt werden. Die Kinder entspannen sich beim Hören, entwickeln Phantasien, setzen sie um in Bewegungen und Bilder und erleben gleichzeitig auch die Auseinandersetzung der anderen Kinder mit den Höreindrücken.

WO BIST DU ?

Orientierungsspiel
Ort: Turnraum
Gruppengröße: 10–12 Kinder
Dauer: ca. 15–20 Minuten
Alter: 5–6 Jahre
Material: möglichst vielfältiges Instrumentarium, Augenbinde

Beschreibung des Spiels

Alle Kinder verteilen sich mit ihren Instrumenten im Raum. Ein Kind geht ohne Instrument in die Mitte und läßt sich (freiwillig) die Augen verbinden. Auf ein Signal der Spielleiterin spielen alle Kinder auf ihren Instrumenten. Das „blinde" Kind in der Mitte ruft den Namen eines Instrumentes, das sofort lauter gespielt wird, während alle anderen Instrumente leiser werden. Das „blinde" Kind begibt sich auf die Suche nach dem „versteckten" Instrument. Ist es ihm geglückt, erhält es dieses Instrument und der/die bisherige SpielerIn geht nun in die Mitte.

Variante

Das „blinde" Kind hört erst dann „sein" Instrument, wenn es ruft „wo bist du?". Das besagte Instrument antwortet kurz anklingend, während alle anderen Instrumente die ganze Zeit leise weiterspielen. Noch schwieriger ist es, wenn sich das gesuchte Instrument (langsam!) fortbewegen darf.

Kommentar

Aus der Fülle verschiedener Klänge einen bestimmten Klang erkennen und heraushören, das erfordert Konzentration und differenzierendes Hören. Sich dem Klang zu nähern bedeutet, daß er genau lokalisiert, räumlich festgelegt werden muß (Richtungshören). Hier ist die Gruppe aufgefordert, während der Suche sehr zurückhaltend zu spielen, um den gesuchten Klang deutlich hervorzuheben.

TÜCHERBILDER

Bewegungsspiel
Ort: Turnraum
Gruppengröße: 16–18 Kinder
Dauer: ca. 10–15 Minuten
Alter: 3–6 Jahre
Material: farbige Chiffontücher, entsprechend der Anzahl der Kinder, Musik (z.B. die Kinderlieder von Hermann van Veen)

Beschreibung des Spiels
Jedes Kind wählt sich ein farbiges Tuch und tanzt und bewegt sich damit durch den Raum. Diese Aktion wird von Musik begleitet. Bei Musikstop ruft die Spielleiterin oder ein Kind eine Figur, die ganz schnell aus allen Tüchern gelegt werden soll, und zwar so, daß diese Figur von oben anzuschauen ist (vgl. Tangram-Spiel oder Puzzle). Beispiele: Elefant, Baum, Haus, Treppe, Blume, Stern, usw.

Variante
Es bilden sich drei oder vier verschiedene Farbgruppen mit 4–6 Mitspielern pro Gruppe. Alle tanzen durch den Raum, bei Musikstop zeigt die Spielleiterin die Farbe eines Tuches und nennt einen Begriff wie oben. Zeigt sie z.B. das blaue Tuch und nennt den Begriff Blume, finden sich alle Kinder mit dem blauen Tuch zusammen und legen eine Blume. Mit dem Einsetzen der Musik tanzen alle weiter.

Kommentar
Sich in einer großen Gruppe an einer gemeinsamen Aufgabe zu beteiligen, das verlangt vom einzelnen Kind die Fähigkeit, gleichermaßen eigene Ideen und Aktivitäten einzubringen als auch die Bereitschaft, andere Vorschläge zu akzeptieren und in das gemeinsame Tun zu integrieren. Der Tanz zwischendurch läßt die Kinder wieder entspannen.
Dieses Spiel ist bei entsprechenden Raumverhältnissen auch für große Gruppen gut geeignet.

DAS HAUS MIT DEN DREI ZIMMERN

Improvisationsspiel
Ort: Gruppenraum, Turnraum
Gruppengröße: etwa 14–16 Kinder
Dauer: ca. 15–20 Minuten
Alter: 5–6 Jahre
Material: möglichst vielfältiges Instrumentarium, Reifen oder Seile

Beschreibung des Spiels
Die Kinder „bauen" in der Mitte ihres Stuhlkreises aus Reifen oder Seilen ein Haus mit drei „Zimmern" (Reifen oder Seile auf den Boden gelegt). Diese „Zimmer" sollten einander berühren und so groß sein, daß „Bewohner" und Instrument Platz darin finden. Wer mag in dieses Haus einziehen?
Die ersten drei Kinder ziehen mit ihren Instrumenten ein und beginnen mit ihrem Spiel auf den Instrumenten. Beendet ein Kind sein Spiel und zieht aus dem Haus aus, entscheidet sich ein anderes Kind aus dem Stuhlkreis, ob es das frei gewordene Zimmer besetzen möchte. Alle Zimmer sollten möglichst schnell wieder besetzt werden, ohne das zwischendurch geredet wird. Beginn und Ende seines Einsatzes sollte jedes Kind frei entscheiden können, es gibt also keinen gemeinsamen Auszug.
Anschließend sollten die Kinder ihre Erfahrungen mit

den unterschiedlichen Zimmernachbarn austauschen. Wie hat es sich für die Kinder im Stuhlkreis angehört?

Variante

Es gibt für die Kinder im Stuhlkreis die Möglichkeit, mit den „Hausbewohnern" in Kontakt zu treten, allerdings darf sich immer nur ein Kind mit seinem Instrument aufmachen. Es wählt einen „Hausbewohner" aus und „klopft" an dessen „Türe". Es entsteht ein Dialog zwischen „Hausbewohner" und „Besucher", währenddessen die anderen zwei „Hausbewohner" still sind, bis sich der „Besucher" wieder verabschiedet.

Kommentar

Durch das wechselnde Zusammenspiel verschiedenster Instrumente entstehen immer wieder neue Klangkompositionen. Je nach Zusammensetzung rückt die rhythmische oder melodische Gestaltung in den Vordergrund. Die Art des Zusammenspiels spiegelt auch die Beziehung der Kinder untereinander wider. Schauen sie sich beim Spiel an oder wenden sie sich eher ab voneinander? Kinder sind für diese Art der Wahrnehmung sehr sensibel, das machen anschließende Gespräche deutlich.

ENTSPANNUNGSSPIELE MIT MUSIK

TUCHSCHAUKEL

Vertrauensspiel
Ort: ruhiger, gemütlicher Raum
Gruppengröße: 8–10 Kinder
Dauer: ca. 10–15 Minuten
Alter: 3–6 Jahre
Material: großes Tuch oder Decke, ruhige, meditative Musik

Beschreibung des Spiels
Ein großes Tuch oder eine Decke wird auf dem Boden ausgebreitet. Ein Kind legt sich ganz entspannt darauf. Wenn es möchte, schließt es die Augen. Die anderen Kinder und die Spielleiterin verteilen sich um das Tuch und versuchen es ganz vorsichtig und gleichmäßig anzuheben. Zu ruhiger Musik lassen sie das liegende Kind sanft hin- und herschaukeln. Das Wiegen kann aber auch mit folgendem Spruch begleitet werden.
„Weiche Wellen wiegen
… (Name des Kindes) darf drin liegen,
schaukelt hin, schaukelt her,
schaukelt nicht zu sehr."
Vielleicht entsteht mit diesem Spruch auch eine einfache gesummte Melodie. Es sollte jedes Kind in den Genuß dieses Schaukelspiels kommen.

Variante

Das Hin- und Herwiegen wird behutsam von einigen Instrumenten begleitet. Die Kinder sehen an der Bewegung, welche Klänge sich besonders gut eignen. Die Art der Begleitung darf sich jedes Kind selbst wählen.

Kommentar

Das Schaukelspiel benötigt eine ungestörte Gruppensituation. Die Kinder erleben hier „hautnah", wie sie von der Gruppe gehalten und getragen werden. Sie entwickeln Vertrauen zueinander. Das Spiel kann durch eine „leise" Geschichte eingeleitet werden, bei der sich alle Kinder auf einer Decke sitzend oder liegend entspannen.
Die Spielleiterin sollte darauf achten, daß dieses Spiel vorsichtig durchgeführt wird, abrupte Bewegungen bringen das Kind auf dem Tuch in Gefahr.

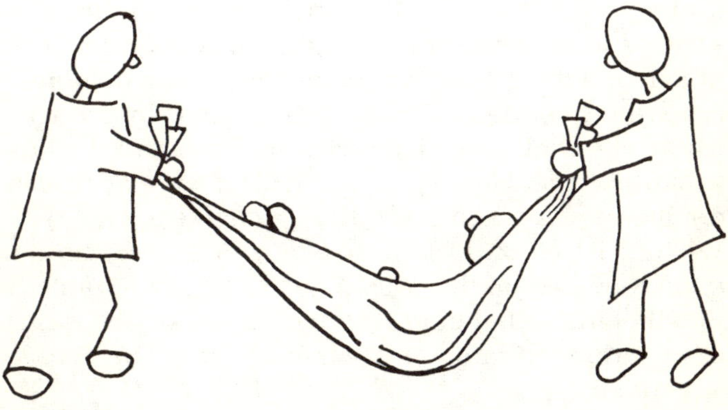

RÜCKENMASSAGE

Körpermusik
Ort: Turnraum
Gruppengröße: 12–14 Kinder
Dauer: ca. 20 Minuten
Alter: 4–6 Jahre
Material: einige Decken, evtl. ruhige Musik

Beschreibung des Spiels
Die Kinder bilden Paare. Jedes Paar erhält eine Decke und sucht sich einen Platz im Raum. Die Plätze sollten nicht zu dicht nebeneinander sein. Ein Kind legt sich bäuchlings auf die Decke und der/die PartnerIn kniet seitlich daneben. Der begleitende Kommentar für die massierenden Kinder könnte so lauten:
„Ihr legt ganz vorsichtig die Hände auf den Rücken des Kindes. Zunächst geht ihr mit euren Händen über den Rücken wie ein Elefant, mal hier hin, mal dort hin, kreuz und quer (ganze Innenhand flach auf den Rükken) ... Jetzt huscht ihr wie eine Maus über den Rükken, benutzt nur eure Fingerspitzen ... Nun galoppiert ein Pferd über den Rücken (punktierter Rhythmus) ... Dann watschelt eine dicke schwere Ente über die Wiese (Abrollen der Hände) ... Jetzt geht ihr wie eine Schlange über den Rücken (sanft den Rücken streicheln) ... “
Wichtig ist es, zwischen den einzelnen Abschnitten genügend Zeit für die „Massage“ zu lassen. Erzählt die Spielleiterin dabei eine Geschichte, wirkt sich das sicher beruhigend und entspannend auf die Spielatmosphäre aus.

Kommentar
Bei diesem Spiel erspüren die Kinder, daß es zwischen Streicheln und heftigem Schlagen eine Menge anderer Ausdrucksmöglichkeiten für ihre Hände gibt, die Kontakt zu einem anderen Menschen herstellen können und dem anderen gefallen. Ihre Wahrnehmung für angenehme und unangenehme Berührungen wird sensibilisiert.

GEMALTE MUSIK

Wahrnehmungsspiel
Ort: Raum ohne Teppichboden, in der Nähe Möglichkeit zum Händewaschen
Gruppengröße: 6–8 Kinder
Dauer: ca. 20–25 Minuten
Alter: 4–6 Jahre
Material: eine Tischreihe mit Folie abgedeckt, Tapentenrolle, Kleister, Farben, Musik

Beschreibung des Spiels
Über die gesamte Tischlänge wird eine Tapete ausgerollt. In die Mitte wird eine dicke Kleisterspur gegeben. Die Kinder suchen sich einen Platz und verteilen den Kleister gleichmäßig auf ihrer „Tanzfläche". Mit

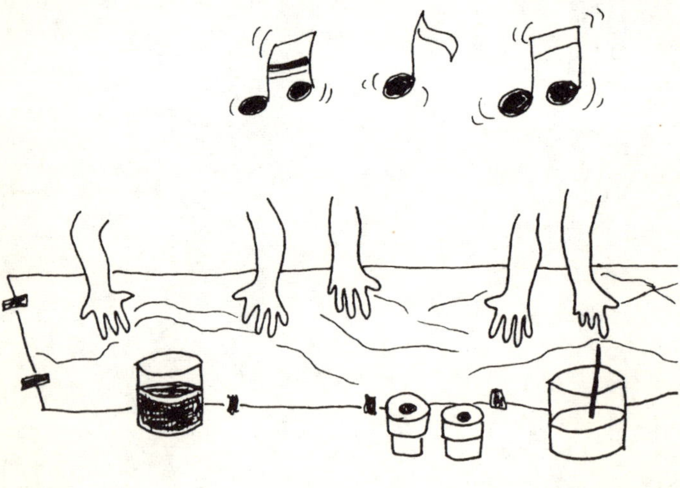

dem Beginn der Musik gleiten Hände und Finger über das Papier und hinterlassen Spuren, die sich immer wieder verändern lassen. Die Musik bestimmt über „fließende" oder „eckige" Formen und jedes Kind wird der eigenen inneren Bewegung nachgehen und sie umsetzen.
Am Ende ist es schön, wenn noch Zeit für ein gemeinsames Gespräch über dieses Erlebnis bleibt.

Variante
Zum Kleister können sich auch noch verschiedene Farben (Abtönfarben) mischen. Es entstehen Bilder, die den Stimmungen in der Musik Ausdruck verleihen.

Kommentar
Das „Malen" mit dem Kleister hat eine sehr entspannende Wirkung. Beide Hände sind in Bewegung und ermöglichen eine sensible Auseinandersetzung mit der gehörten Musik. Mit den Farben lassen sich Gefühle und Stimmungen, die die Musik wachruft, ausdrücken. Diese Aktionen sollten in einer ruhigen Atmosphäre stattfinden.

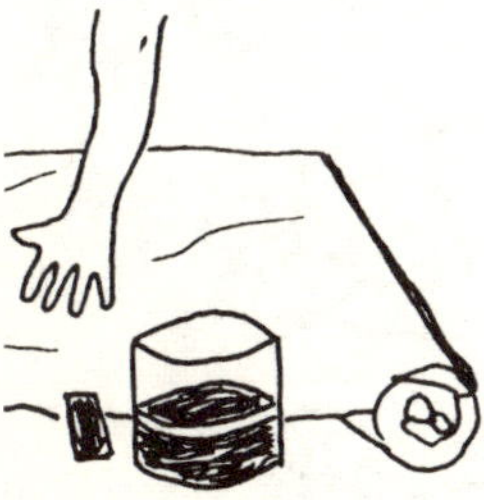

BALLMASSAGE

Berührungsspiel
Ort: Turnraum oder anderer gemütlicher Raum, möglichst lärmgeschützt
Gruppengröße: 10–12 Kinder
Dauer: ca. 15–20 Minuten
Alter: 5–6 Jahre
Material: Tennisbälle oder Bocciakugeln, Luftballons, Decken, ruhige Musik

Beschreibung des Spiels
Die Kinder bilden Paare und verteilen sich im Raum. Jedes Paar breitet eine Decke auf dem Boden aus und ein Kind legt sich bäuchlings darauf. Das andere Kind kniet sich bequem seitlich davor und rollt nun sanft den Ball über den Körper des liegenden Kindes. Der Ball umkreist einige Körperstellen und wird auch mal leicht gedrückt. Das liegende Kind soll sich sofort melden, falls ihm irgendetwas unangenehm ist. Dazu erklingt

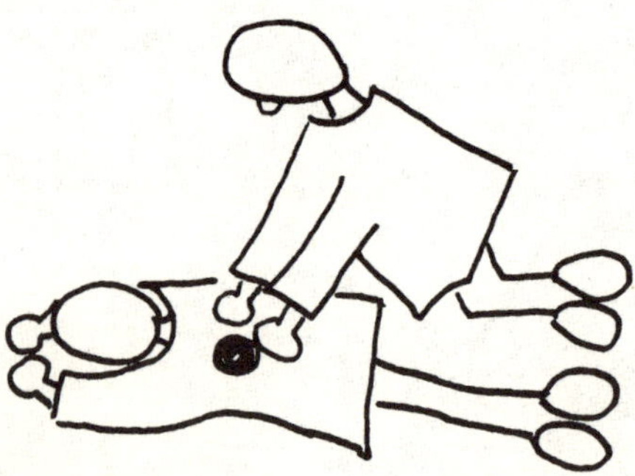

ruhige Musik im Hintergrund. Nach einigen Minuten erfolgt ein Rollenwechsel.

Variante

An Stelle der Softbälle werden Luftballons eingesetzt. Der Luftballon wird sanft auf eine Körperstelle gedrückt und die „massierenden" Kinder legen ihren Mund direkt auf den Luftballon und beginnen zu summen. Es entstehen Vibrationen, die beide Kinder ganz deutlich wahrnehmen.

Kommentar

Am Anfang sollte diese „Massage" noch nicht so lange dauern. Die Kinder müssen diese Form der Berührung erst kennenlernen, bis sie schließlich den entspannenden Effekt genießen. Ruhige, meditative Musik hat die Funktion, eventuelle Hemmungen abzubauen, störende Geräusche aufzufangen und eine ruhige Atmosphäre aufzubauen.

DIE BÄLLE TANZEN LASSEN

Wahrnehmungsspiel
Ort: Turnraum
Gruppengröße: 12–16 Kinder
Dauer: ca. 15–20 Minuten
Alter: 4–6 Jahre
Material: große, durchsichtige Kunststoff-Folie (Abedeckplane vom Malerbedarf), japanische Papierbälle, meditative Musik

Beschreibung des Spiels
Eine große Folie wird auf dem Boden ausgebreitet. Die Kinder verteilen sich darum herum und heben sie gemeinsam ganz vorsichtig hoch und bewegen sie in Wellen auf und ab, versuchen dabei ihre Bewegungen aufeinander abzustimmen. Nach einer Weile krabbeln drei oder vier Kinder unter die frei schwebende Plane und betrachten die Wellen von unten. Jetzt fehlen natürlich noch die Fische; es werden mehrere japanische Papierbälle auf die Folie gelegt. Durch entsprechende Bewegungen der Folie beginnen sie zu rollen und tanzen, bis sich nach einiger Zeit das „Wasser" wieder beruhigt und die Fische zur Ruhe kommen. Nun dürfen sich die nächsten Kinder unter die Folie legen.

Variante
Die Kinder begleiten die „Wellen" mit Klängen auf Instrumenten wie Glockenspiel, Cymbeln, Schellenbän-

der. Es sollten helle, zarte oder schwebende Klänge sein. Mit dem An- und Abschwellen der Musik verändert sich auch die Intensität der Wellenbewegungen. Lustig ist es auch, dieses Spiel mit der Stimme zu begleiten.

Kommentar

Die Kinder erleben die Leichtigkeit, fast Schwerelosigkeit von Folie und Papierbällen. Schon durch einen minimalen Körpereinsatz wird eine faszinierende Wirkung erreicht, die die Kinder immer wieder aufs neue motiviert, dieses Spiel zu wiederholen.

WIE WIRD DAS WETTER?

Berührungsspiel
Ort: Turnraum
Gruppengröße: 16–20 Kinder
Dauer: ca. 15–20 Minuten
Alter: 4–6 Jahre
Material: Decken, zwei Trommeln, Xylophon, Glockenspiel oder Cymbel

Beschreibung des Spiels
Vier Kinder bilden das Orchester. Die übrigen Kinder bilden Paare und verteilen sich im Raum. Ein Kind legt sich bäuchlings auf die Decke, während sich das andere Kind seitlich davorkniet. Mit einer Wettergeschichte stimmt die Spielleiterin auf das Spiel ein. Das Orchester begleitet sie.
Ein Kind übernimmt die Darstellung des Regens (die Fingerspitzen trommeln leicht auf das Fell der Handtrommel), das zweite Kind den Schauer (ein Schlegel springt auf dem Xylophon hin und her), das dritte Kind den Wind (die flachen Hände reiben über das Fell) und das vierte Kind die Sonne (das Glockenspiel oder die Cymbeln werden leicht angeschlagen).
Danach übernimmt das Orchester die Regie über das Wetter.
Der Verlauf der Wettermusik bestimmt den Ablauf der Massage. Die massierenden Kinder erkennen an der Musik, wie sie ihre PartnerInnen berühren sollen.
Beim Regen betippen sie den Rücken nur leicht, beim Schauer werden die Finger schneller und kräftiger klop-

fen, bei dem Wind streifen die Hände über den ganzen Körper und bei der Sonne legen sich beide Hände ganz sanft flach auf eine Stelle des Körpers. Danach sollte ein Rollenwechsel erfolgen.

Variante
Das Kind auf der Decke wird von vier Kindern „massiert". Zwei fühlen sich für den Rumpf verantwortlich und die anderen zwei für die Beine. Die Musik bestimmt wiederum den Ablauf.

Kommentar
Das Spiel benötigt eine ungestörte Gruppensituation. Es sollte sich nicht zum Ventil für versteckte Aggressionen entwickeln. Die Spielweise der Instrumentalisten wird sich widerspiegeln in der Art und Weise des Körperkontaktes. Ziel des Spiel ist es, die Kinder für die musikalische Gestaltung und eine entsprechende „Massage" zu sensibilisieren.

EIN TRAUM VON DECKE

Berührungsspiel
Ort: Turnraum
Gruppengröße: 10–16 Kinder
Dauer: ca. 15–20 Minuten
Alter: 4–6 Jahre
Material: bunte Chiffontücher, Decken, ruhige Musik

Beschreibung des Spiels

Auf dem Boden wird eine Decke ausgebreitet. Ein Kind legt sich ganz entspannt darauf. Mit dem Einsetzen der Musik bedecken die anderen Kinder mit ihren Tüchern nacheinander den ganzen Körper dieses Kindes. Dabei sollten die Kinder nicht reden. Wenn alle Tücher liegen, folgt eine kurze Ruhepause, und jedes Kind nimmt sein Tuch wieder zurück. Das nächste Kind ist an der Reihe.

Variante

Das am Boden liegende Kind wird wie oben mit allen Tüchern bedeckt, aber ohne Hintergrundmusik. Liegen alle Tücher, wählt sich jedes Kind ein Instrument und spielt in derselben Reihenfolge, wie die Tücher gelegt wurden. Ein Kind beginnt, dann wächst von Instrument zu Instrument die Musik, es kommen immer mehr Klänge hinzu. Trotz der vielen Instrumente versuchen die Kinder so zu spielen, daß das liegende Kind gut „einschlafen“ kann. Nachdem alle Instrumente eingesetzt haben, nehmen sie sich in derselben Reihenfolge wieder zurück und beenden das Spiel, indem sie vorsichtig auch die Tücher wieder entfernen.

Kommentar

Hier steht ein Kind im Mittelpunkt. Es erfährt durch das „Zugedecktwerden" ganz viel positive Zuwendung von der ganzen Gruppe, wird umsorgt und geschützt. Für die Gruppe ist diese Handlung ebenfalls sehr beruhigend. Sie fühlt sich für das Wohlergehen des einzelnen verantwortlich und jedes Kind „trägt seinen Teil dazu bei".

Von mir benutzte und zitierte Literatur, die ich auch weiterempfehlen möchte

Batel, Günther, Spiellieder und Bewegungsspiele in der Musiktherapie, Stuttgart 1992

Baum, Heike, Spielen mit allen Sinnen. Tasten, Riechen, Schmecken ..., Niedernhausen 1996

Hegi, Fritz, Improvisation und Musiktherapie. Möglichkeiten und Wirkungen von freier Musik, Paderborn 1988

Herdtweck, Waltraud, Rhythmik, München 1994

Hirsch, Elke, Kommt, singt und tanzt. Materialien für Schule und Gemeinde, (mit CD) Düsseldorf 1997

Geißler, Uli, Tausendfüßlers Taschentuch. Spiele mit Seilen und Tüchern, Münster 1991

Große-Jäger, Hermann, Freude an Musik gewinnen. Erprobte Wege der Musikerziehung im Kindergarten, Freiburg 1983 (mit Tonkassette)

Kreusch-Jacob, Dorothee, Mein Instrument mach ich mir selber. Ein Bastel- und Spielbuch, Ravensburg 1987

Kreusch-Jacob, Dorothee (Hg.), Der fliegende Trommler. Märchen aus aller Welt erzählen vom Zauber der Musik – mit Bildern von Renate Seelig, München 1990

Kreusch-Jacob, Dorothee, Musikerziehung, München 1995

Liedtke, Rüdiger, Die Vertreibung der Stille. Wie uns das Leben unter der akustischen Glocke um unsere Sinne bringt, München 1988

Müller, Else, Du spürst unter deinen Füßen das Gras. Autogenes Training in Phantasie- und Märchenreisen. Vorlesegeschichten, Frankfurt 1983

Orff, Gertrud, Die Orff-Musiktherapie. Aktive Förderung der Entwicklung des Kindes, München 1974

Peter-Führe, Susanne, Rhythmik für alle Sinne. Ein Weg musisch-ästhetischer Erziehung, Freiburg 1994

Regner, Hermann, Musik lieben lernen. Anregungen für Eltern und Erzieher, Mainz 1988 Schnellen, Ulla/ Markt, Irmgard, Die Welt dreht sich. Ein interkulturelles Liederbuch (mit CD), Dortmund (Kulturkooperative Ruhr) o.J. (~ 1995)

Riefler, Wolfgang/Dreher, Helmut, Musik macht uns Kinder froh. Musikalische Erziehung in Kindergarten und Grundschule (= Sonderheft Bausteine Kindergarten/Grundschule), Aachen o.J. (~ 1996) (mit einer von Elisabeth und Bernward Hoffmann eingespielten Tonkassette)

Steiner, Lucie, Kurzspiele für die Stimme für Musikschule, Schule, Kindergarten und für die Familie, Regensburg 1991

Tischler, Björn/Moroder-Tischler, Ruth, Musik aktiv erleben. Musikalische Spielideen für die pädagogische, sonderpädagogische und therapeutische Praxis, Frankfurt 3.Aufl. 1995

Wagner, Elisabeth, Der kleine freche Frosch. 37 lustige Klanggeschichten für Kinder von 3–8, München 5.Aufl. 1993

Zimmer, Renate/Clausmeyer, Ingrid/Voges, Ludwig, Tanz – Bewegung – Musik. Situationen ganzheitlicher Erziehung im Kindergarten, Freiburg 1991

Verzeichnis der Spiele

Hör- und Konzentrationsspiele

Spaziergang mit Geräuschen 18
Geräusche-Memory 20
Was ist drin? 22
Zeitungsmusik 24
Gleich und Gleich gesellt sich gern 26
Blind durch den Ozean 28
Stille Post 30
Wohin fällt der Stein? 32
Klingende Gläser 34
Die regnende Wolke 36
Das Vogelnest 38

Spiele mit Stimme und Körper

Plim, Plam, Plum 42
Wetterkanon 44
Klickender Stein 46
Grosse Steine – kleine Steine 48
Tiere erraten 50
Besuch auf dem Bauernhof 52
Das tanzende Eselchen 55
Wo bist du? 58
Welches Instrument spiele ich? 60

Spiele mit Musik und Bewegung

Fadentanz 64
Die klingende Marionette 66
Roboter und Blumenfee 68
Luftballontanz 70
Die Trommel geht herum 72
Die schnelle Kapp' 74
Die Trommel spricht 76
Schuhtanz 78
Sitzboogie 80

Interaktion und Kommunikation

Anzünden 84
Führen und Folgen 86
Wenn Trommeln sich besuchen 88
Mein rechter, rechter Platz ist frei 90
Wo ist der Schatz? 92
Die Klangtapete 94
Wo bist du ? 96
Tücherbilder 98
Das Haus mit den drei Zimmern 100

Entspannungsspiele mit Musik

Tuchschaukel 104
Rückenmassage 106
Gemalte Musik 108
Ballmassage 110
Die Bälle tanzen lassen 112
Wie wird das Wetter? 114
Ein Traum von Decke 116